国家社科基金项目“政治关联与市场竞争对企业选择性环境信息披露行为的影响研究”（项目编号：15BGL067）

市场竞争、政企关系与企业选择性环境信息披露行为

陈 璇 著

中国财经出版传媒集团
中国财政经济出版社

图书在版编目（CIP）数据

市场竞争、政企关系与企业选择性环境信息披露行为／陈璇著．--北京：中国财政经济出版社，2021.10

ISBN 978－7－5223－0791－6

Ⅰ.①市…　Ⅱ.①陈…　Ⅲ.①企业竞争－市场竞争－研究－中国 ②政企关系－研究－中国 ③企业－环境信息－信息管理－研究－中国　Ⅳ.①F279.2 ②F123.15 ③X322.2

中国版本图书馆CIP数据核字（2021）第190323号

责任编辑：陆宗祥　高文欣　　　责任印制：史大鹏
封面设计：孙俪铭　　　责任校对：徐艳丽

市场竞争、政企关系与企业选择性环境信息披露行为
SHICHANG JINGZHENG ZHENGQI GUANXI YU QIYE XUANZEXING HUANJING XINXI PILU XINGWEI

中国财政经济出版社 出版
URL：http：//www.cfeph.cn
E－mail：cfeph@cfeph.cn

社址：北京市海淀区阜成路甲28号　邮政编码：100142
营销中心电话：010－88191522
天猫网店：中国财政经济出版社旗舰店
网址：https：//zgczjjcbs.tmall.com
北京财经印刷厂印刷　各地新华书店经销
成品尺寸：148mm×210mm　32开　8印张　193 000字
2021年10月第1版　2021年10月北京第1次印刷
定价：59.00元
ISBN 978－7－5223－0791－6
（图书出现印装问题，本社负责调换，电话：010－88190548）
本社质量投诉电话：010－88190744
打击盗版举报热线：010－88191661　QQ：2242791300

摘　要

现阶段我国政府对企业环境信息公开内容要求并不明确，企业在披露具体内容时有一定选择权，本书立足于企业这种选择性环境信息披露（选择性环境信息披露）行为，围绕“政府干预”“市场竞争”等现实问题，从产权和企业高管个人任职背景两个层面刻画政企关联关系，系统分析了不同市场竞争结构中政企关联对企业选择性环境信息披露行为的影响。本书还从政企关系和市场竞争的视角对其进行了拓展，尤其是识别了环境信息不同部分内容的披露特点，其研究成果具有鲜明的现实意义和时代特征。

首先，从理论上阐述了：不论是市场竞争还是政企关联，都对企业的选择性环境信息披露行为有“推动”和“抑制”双重效应。结合近年来刚颁布实施的新《中华人民共和国环境保护法》（本书以下简称《环保法》）这一宏观制度背景，从静态角度横向比较了市场竞争与两个层面的政企关联关系如何影响企业的选择性环境信息披露决策，揭示了新法实施后不同企业间选择性环境信息披露水平的差异。同时还针对民营企业高管身份对新《环保法》实施前后不同时期企业选择性环境信息披露决策发生的变化进行了纵向剖析。研究发现，新《环保法》实施后垄断央企在公开环境信息方面发挥了示范效应；高管身份因素的影响在民营企业表现更明显；低层政企关联因素有助于推动企业依赖软环境信息粉饰环境责任，而高层政企关联因素有助于推动企业从硬环境信息方面做实质性改进。新《环保法》实施后，就民营企业而言，市场竞争能快速激发政企关联的推动效应，但是高层政企关联因素会弱化这种推动效应；短期内虽然不同企业应对措施有差异，但是长期来看有着良好的预期。

其次，从微观动态角度，揭示了不同市场竞争结构中企业发生了特定事件后，政企关联对选择性环境信息披露的影响。研究表明，国有企业转变为非国有企业后，竞争市场企业选择性环境信息披露（特别是在能耗排放方面）有所下降，而垄断市场企业的信息披露状况有全面的实质性改善；非国有企业转变为国有企业后，企业的披露策略没有发生显著变化。市场竞争推动民营企业在高管获得“两会”代表委员身份后提高能耗排放等方面的信息披露水平。媒体在深度报道和增加报道频次时能发挥监督作用，并且这个作用对竞争市场的国有企业和高管高层政企关联企业（即企业高管有高层政府背景企业）表现更明显。

最后，在动态研究基础上，又选择了典型企业进行案例比较分析，并结合分析结果提出了对策建议。本书研究结果提示，现阶段不论是竞争市场还是垄断市场，政企关联带来的抑制保护效应都存在着较大的影响作用；在没有建立政企关联的条件下，垄断市场的市场推动效应能更好地得到体现；强竞争环境中国有企业和高管高层政企关联企业对媒体负面报道更敏感。当面对新《环保法》实施的强大冲击时，政企关联（特别是高层政企关联）和市场垄断更能在短时间内相互强化彼此的推动效应；就民营企业的应对情况而言，市场竞争环境能快速激发政企关联的推动效应，但高层政企关联因素会弱化这种推动效应。有鉴于此，后续政策制定者可以考虑从制定并实施环境信息公开统一标准、在新《环保法》中补充具体的奖惩措施、增强环境信息披露质量审计、加强媒体对环保污染事件的全面和追踪报道、区别对待不同层级政府对环境污染行为的态度等方面入手，推进企业提高环境信息披露质量。

目　　录

第一章 绪　论

第一节 引　言

中国经济在从中央严格控制的计划经济转化为有中国特色的市场经济过程中，发展速度惊人，但伴随而来的是环境污染、能源短缺问题日益突出。特别是近年来，随着各种环境污染事件不断曝光，“雾霾”“PM2.5”“绿色发展”等词语频繁出现在人们的日常生活中，整个社会的环保意识大幅提高。人们都急切地想知道与自己息息相关的生存环境究竟发生了哪些改变？特别是重污染企业作为环境污染的主要源头，他们在履行环境责任方面究竟做了什么？公开环境信息可以使外界了解企业的环境相关活动，它既是企业履行环保责任、接受社会监督的重要环节，也构成了整个环境治理机制的重要组成部分（郑建明，2017）。提高信息披露质量有利于监督企业环境管理行为，因此不管是政府还是社会公众都迫切希望企业能充分披露环境相关信息。

早在2002年1月，中国证监会发布《上市公司治理准则》，其中规定除了按照强制性法规披露信息外，上市公司还应及时、主动地披露可能对股东和其他利益相关者的决策产生重大影响的所有信息，并确保所有股东能平等地获取信息。2003年，深交所发布《深圳证券交易所上市公司投资者关系管理指引》，对自愿性信息披露的内容作了规定："上市公司应遵循诚信原则，在投资者关系活动中就公司经营状况、经营计划、经营环境、战略规划及发展前景等持续进行自愿性信息披露，以帮助投资者作出理性的投资判断和决策。"2008年，国务院国资委对下属中央企业的社会责任行为制定了规范，沪、深两地交易所先后于2006~2008年数次要求上市公司对其环境和社会责任履行情况进行披露。2015年1月1日，新《环保法》正式实施，其中第五十五条规定重点污染物排放单位应当披露主要污染物的名称和数量等信息，第一次以立法形式对企业公开环境信息的行为提出了要求。

然而，一直以来中国政府对企业环境信息披露没有制定细节性的具体规范，因此企业在披露形式、披露内容以及披露质量等方面存在较大选择余地：形式上，可以在年报中披露，也可以在独立报告中公布；内容上，可以是污染排放、能源消耗、环保投入，也可以是有关环境战略、目标政策、环境操作守则等；质量方面，有的包含详细数量和文字信息，有的包含简单文字或数字信息，有的什么都没有披露。

实证会计理论（Positive Accounting Theory）分析企业信息披露行为决策的经典模型表明，当面临高速发展机会，在高度信息不对称的环境中，即使强制信息披露机制是低效的，企业也会选择积极的信息披露策略（Hayes，1996）。然而，事实上在中国经济高速发展过程中，仅有不到1/3的上市公司能做到对环境信息进行披露，而且披露信息普遍不充分（Yekini等，2019；李强和冯波，2015）。如何理解这个理论与现实的悖论？

作为转轨经济中的国家，政府干预仍是我国经济制度的重要特征。政府一方面以投资者身份直接参与国有企业的经营管理；另一方面还掌握着强大的资源配置和行业规制权力，以行政手段影响着企业的决策。田利辉和张伟（2013）等研究显示，30%~

40%的中国上市公司高管具有政府背景。由于政企关联可能给企业带来税收、融资等多方面的“保护效应”（Kim和Zhang，2016；刘海建等，2017），所以，在缺乏“天然产权”保护条件下，不少民营企业经营者热衷于通过在“政协”或“人大”中占有一席之地的途径建立与政府的关联（Yang和Tang，2020；谢志明和易玄，2014）。这是一种围绕企业高管个人身份形成的政企关联关系。因此，在中国政企关联不仅体现在由于产权天然属性形成的政企关联关系，而且也体现在企业通过高管个人获得政企关联关系。

政企关联带来两个后果：一是经济运行不完全服从市场经济规律本身（He，2019），二是权力寻租（Amorea，2013；Chen和Kim，2018）。调查显示，我国企业环境信息披露行为很大程度上体现为政府推动，是在政府干预下企业寻租的结果（黎文靖，2012）。随着反腐行动的不断深化，原本隐藏在“老虎”“苍蝇”背后的政企关系处于整个社会的“拷问”之中：那些与政府有着密切关联的企业是如何完成对政府官员的寻租的？他们的寻租活动有没有以牺牲人类生存环境为代价？如要准确理解中国企业选择性环境信息披露行为则需要从企业产权属性和高管个人背景两个层面来考虑政企关系因素（黎文靖，2012）。

不仅如此，前期研究还表明，不同市场竞争结构中企业的信息披露策略有所差异（Bertomeu和Maggie，2015）。如果说政府这只“看得见的手”会干预企业的环境信息披露策略，那么市场这只“看不见的手”同时也在影响着企业的环境信息披露行为。因此离开政企关联关系和市场竞争去简单地理解中国企业的环境信息披露行为是片面的。如此一来，本书围绕市场竞争的差异来探讨政企关系对中国企业环境信息披露行为干预作用则是具有鲜明的时代意义的。

第二节 文献综述

一、环境信息披露相关研究

学术界对环境信息披露的研究起源于20世纪40年代的社会责任披露。下面分别就相关的理论与实证研究文献进行归纳。

（一）理论研究文献

Gray（1993）认为，环境信息报告需要披露的内容主要应该包括五部分：环境政策、环境计划和结构框架、相关财务事项、环境活动以及可持续发展方面的管理。CICA在《环境绩效报告》中指出，环境绩效报告应包括企业的基本情况、环境政策、目的与目标、环境管理分析、环境绩效分析以及术语解释和第三方意见这两部分可选的内容。

环境信息披露的理论研究经历了强调社会责任的环境信息披露、突出为决策服务的环境信息披露、受外部压力影响的环境信息披露三个阶段。（1）在强调社会责任的阶段，学者们认为，环境信息应该公开，作为社会成员的一分子，公司在进行投资决策时有责任考虑环境因素，同样也有责任将环境信息提供给外界（Brenton，1995）。（2）在突出为决策服务的阶段，学者们认为，为了帮助投资者做出正确的决定，企业有义务向他们提供所有商业信息，其中也包括环境信息。特别是对于那些具有高度社会责任意识的投资者而言，环境信息披露更为重要。（3）在外部压力影响的阶段，相关研究认为，企业进行环境信息披露是“压力—反应”的结果（Delmas，2012），这种压力来源于政府和社会公众（潘安娥，2018）。

为此，前期研究发展了三种理论来解释环境信息披露行为：（1）合法性理论（Legitimacy Theory）认为，企业通过披露环境信息，提高了公众形象并最终得以证明其存在的合法性（Charles，2015）；（2）利益相关者理论（Stakeholder Theory）认为，企业通过环境信息来使利益相关者了解到其在环境责任方面的立场、努力和成就，以此得到他们的支持（Ullmann，1985；Moser，2012）；（3）自愿信息披露理论（Voluntary Disclosure Theory）认为，企业在保护环境方面的优良表现，有助于企业迅速获得环保许可，赢得市场份额，而故意隐瞒环保事故、环保隐患等做法，会带来高环境风险和环境成本，因此，认真履行环保责任、披露详实的环境信息是一种潜在的竞争优势（Porter，1995；Chen 和 Qian，2020）。

（二）实证研究文献

实证研究方面，学者们检验了环境信息披露、环境绩效、经济绩效之间的影响作用，但结论却不一致（Jayachandran，2013；毕茜，2015）。

在环境信息披露与经济绩效相关性研究方面，Clarkson（2008）用美国重污染行业企业为样本，验证了两者间显著正相关性，从实证角度支持了自愿信息披露理论。宋晓华等（2019）基于公共压力视角，以政府环境规制、媒体关注度和环保组织监督为切入点，选取中国上证社会责任指数成分股 100 家上市企业 2011～2017 年的数据为研究样本，分析了碳信息披露与企业价值的相关关系。结果发现从短期经营成果来看，碳信息披露水平的提升初期会抑制企业价值增长，但到一定程度时会促进价值增长；从长期市场价值来看，碳信息披露对企业价值具有正向促进作用。但 Share 和 Spicer（1983）用事件研究法进行研究时发现，在公布环境报告的前两天，资本市场出现负的变化。类似地，Garner 和 Lacina（2019）利用美国石油和天然气公司为样本，研究了美国 10－K 表中的环境披露与 BP 漏油事件后股市反应之间的关系，结果表明环境披露与股市反应之间存在负相关关系。陶克涛等（2020）利用2012~2017年67家中国重污染上市公司的平衡面板数据，实证检验绿色治理视域下企业环境信息披露与企业绩效的关系。研究发现，企业环境信息披露与企业绩效呈显著负相关。Dasgupta（2001）以资本市场对环境事件的响应来解释环境信息公布与企业经济绩效之间的关系。研究发现，并不是所有的公司会对环境绩效的发布做出响应，资本市场也不一定能对所披露的环境信息进行正确的反馈。Gerged等（2020）研究了科威特的公司环境披露与盈余管理之间的关联。结果表明在科威特公司环境披露和盈余管理之间存在显著的负相关关系。这意味着对环境负责的管理人员不太可能在科威特从事盈余管理实践。

在环境信息披露与环境绩效相关性研究方面，Hughes、Anderson和Golden（2001）认为，SFAS 5会计准则规定公司必须详细披露或有负债，因此污染严重的公司需要披露其环境因素引起的各种潜在义务，于是环境污染严重的企业会公开更多的环境信息。这支持了利益相关者理论和合法性理论。类似地，Rockness（1986）也发现环境绩效差的企业环境信息披露更加充分。然而，Fekrat Lndan和David Petrori（1998）对多个国家上市公司年报中披露的环境信息进行打分，分析了自愿性披露水平和环境绩效之间的关系，结果发现环境信息披露水平与环境绩效之间缺乏显著的相关性，尽管自愿信息披露理论适用于某些行业和某些国家，但就全球范围来看，在环境敏感行业并没有太好的表现。Ingram和Frazier（1980）用事件分析法分析了环境信息披露与环境绩效之间的关系，其结果也显示环境信息披露与环境绩效之间并不存在显著的相关关系。但朱炜（2019）的研究支持了自愿信息披露理论，其研究发现：环境绩效与环境信息披露质量正相关，环境绩效好的企业会更多地披露定量信息，其实质性信息含量较多，而环境绩效差的企业会更多地披露定性信息，其实质性信息含量较少；外部环境规制强化了环境绩效与环境信息披露质量之间的关系，而企业声誉对其作用较弱，企业环境信息披露的动力更多来自外部环境规制；国有企业对政府环境规制敏感，在环境规制影响下倾向于全面提高环境信息披露质量，而非国有企业对内在动力驱动下提升企业声誉的激励更敏感，会因此披露更多的实质性环境信息。

与此同时，实证研究还检验了环境信息披露的其他影响因素：（1）政策因素。方颖（2018）发现信息披露法令对公司环境信息披露产生了积极影响，黎文靖（2012）、陈璇和钱维（2018）等的研究也得到了类似结论。（2）媒体因素。王翊和许晓卉（2018）发现负面的媒体报道和深入的媒体报道对企业社会责任绩效有积极的影响，媒体简单报道和报道的总次数对企业履行社会责任没有显著影响。Luo（2019）发现媒体对行业的负面报道越多，行业内企业披露的环境信息就越积极，这也支持了利益相关者理论和合法性理论。（3）企业自身因素。由于企业自身因素影响着经营者对外部环境压力的解读，进而会影响企业的环境决策（Wally，1994）。首先，投资者目的不同，要求企业追求的目标也各异，这会影响经营者的环境决策（Flammer，2013）。比如，Wang 等（2018）基于中国上市公司的环境信息披露实践，从经验上检验了环境信息披露是否受公司最终所有者的特征影响。结果表明对于政府控制的公司、最终拥有权等级较低的公司以及投票权和现金流量权之间的差异更大的公司，进行环境信息披露的可能性更大。其次，公司治理的结构不同，沈洪涛（2010）发现，公司规模越大、独立董事比例越高，越有利于充分披露信息；Pascual（2009）和 Villiers（2011）揭示两职合一，则倾向隐瞒不利信息；Walls（2012）证实控股股东、管理层持股和董事会之间的关系会影响环境信息披露。Yekini 等（2019）以《中国上市公司环境信息披露指南》发布之后的 2014～2016 年数据为样本，使用内容分析法对 100 家中国公司的年报内容进行评分，对公司的环境信息披露水平进行测量，探讨了管理层持股，经济实力和行业分类等因素对企业环境信息披露水平的影响机制。最后，经营者的经历、文化背景、年龄、学历等的不同，会影响他们对环境压力的分析，进而直接影响经营者最后决策（Hambrick，1984；毕茜，2012）。Lewis（2014）发现任期短、有 MBA 和非律师教育背景的高管能更好地履行环境责任。姚海博等（2018）利用 2010~2016 年沪、深 A 股重污染行业上市公司数据分析了董事的专业背景对企业环境信息披露质量的影响。研究表明董事会中具有管理专业知识背景的董事比例越高，企业环境信息披露质量越好，而法学专业背景的董事越多，企业公开的环境信息质量越差。

二、政企关联相关研究

前期研究主要围绕政企关联的界定、企业寻求政企关联的动机以及政企关联对企业经营活动的影响结果展开了探讨。

（一）政企关联的界定与衡量

早期研究把政企关联定义为企业与政府首脑间的私人关系，后续文献对其范围进行了拓展：Adhikari（2006）将其定义为，政府持有企业的股权，并用持股比例衡量政企关联程度；Faccio（2006）和 Sejati（2019）等将其定义为，企业的控制人、董事或高管是政府首脑、议会成员或与政府首脑、议会成员等有密切关系；Fan（2007）将其定义为，公司的 CEO 现（曾）任职于中央或地方政府或军队；Claessens（2008）用企业对选举人的捐赠数量来衡量政企关联关系；Wong（2010）将其定义为，股东或董事是选举委员会成员；Lu（2011）将其定义为，企业家是否是人大代表。

国内文献中，陈冬华（2003）将政企关联定义为，董事曾经或正在中央和地方各级政府部门（包括在“两会”常设机构）

任职，并以有政府背景的董事占比来测量政企关联的程度。罗党论（2008）和严若森等（2019）将其定义为，公司董事是否是“两会”代表委员，或者曾经在政府部门任职。邓建平（2009）以企业实际控制者任职级别衡量政企关联程度。胡旭阳（2006）和陈爽英（2020）根据实际控制人是否当选人大代表或政协委员来进行判断和划分级别。

（二）企业寻求政企关联的动机研究

虽然在大多数国家都存在政企关联公司，但在新兴/发展中国家和经济发展水平较低的国家中相对更普遍。这些国家缺乏信息透明度，从而限制了媒体和公众的监督作用，往往腐败程度较高（Faccio，2010）。例如，在 Faccio（2010）跨国比较的样本中，马来西亚 418 家公司中有 81 家（占 19%）、印度尼西亚 116 家公司中有 27 家（占 23%）有政企关联关系，而在美国 6007 家公司仅有 13 家（占 0.2%）有政企关联关系。发展中经济体由于存在相当部分具有政府依赖性的公司，这就有利于观察政企关系如何帮助那些表现不佳企业获得更高的收益和提供更大的保护。

学者们从不同的视角解释了企业寻求建立政企关联关系的原因：（1）以 Li 和 Zhang（2007）为代表的社会资本理论认为，管理者可以为企业提供以经验为特征的人力资本和以外部关系为特征的社会资本。通过聘请在任或前任政府官员参加董事会或担任企业高管职务，企业可以利用他们的个人关系网络来拓展企业的社会资本。而这种由企业高管社会网络关系形成的企业独特社会资本，有利于企业获得更大的竞争优势。（2）资源依赖理论认为，政府控制着大量资源，掌握着项目审批权和资源配置权，因此企业有强烈的动机与政府建立关联关系，以便获取那些被政府控制的资源（Faccio，2006）。（3）在过渡经济条件下，市场力量和政府行政力量都会影响资源分配结果，为了降低政府干预对企业的负面影响，企业会关注建立政企关联关系，以便获得政府更多的“关照”。Faccio（2006）研究表明，法律体系越不完善的国家，企业就越有动机开展对政府的公关活动。

（三）政企关联对企业的影响研究

除了罕见少数研究认为，由于斯里兰卡内战等导致政府权力影响公司价值的作用很小（Berkman 和 Galpoththage，2016）之外，现有文献大多发现政企关联对公司价值、财务活动和信息披露等方面都有显著影响作用。

有的研究发现政企关联给企业带来了积极影响。比如，在研究企业价值方面，Roberts（1990）和罗党论（2009）的研究验证了政企关联与公司价值的正相关关系。Faccio（2006）也发现企业高管进入政界对公司股价有显著提升作用。来自 47 国的研究数据表明，即使会计业绩表现欠佳，并具有较高的杠杆率，那些政企关联公司的市场占有率仍较高（Faccio，2010）。Chen 和 Kim（2018）指出，中国国有企业的高管实际上处于一种金字塔式的内部劳动力市场之中，且出于职业生涯关注，随着行政级别的升高，高管会体现出更强的风险规避和职业谨慎倾向。实证研究检验发现，高管的行政级别越高，所在公司的股价崩盘风险越低。

在研究融资方面，Faccio（2006）发现，具有政企关联关系的公司能得到更多的政府救助，也能更便利地获得融资，这可能源于政府预算软约束导致的低违约风险。Fan（2008）分析了中国 20 余名官员的腐败案例后发现，案发之前与这些官员有关联的企业银行贷款率较高，债务期限也较长，但在案发之后则不然。Alabass 等（2019）对 2011 ~2016 年中国上市公司进行实证检验，结果显示政企关联有助于公司获得贷款，政企关联公司具有较高的杠杆水平、更多的长期债务，并持有大量现金。

在研究企业税收补贴等其他方面，吴文锋等（2009）发现，关联企业的实际税负低于非关联企业。Lin 等（2018）的研究结果表明，董事会与政府的关系对于有效执行合法征税可能是一个重大挑战。同时，还有研究表明，政企关联还有助于企业打破行业管制，获得市场份额。余明桂等（2010）发现，有些地方政府补贴发放标准不明确，政企关联企业能获得更多的补贴。Lu（2011）认为，政企关联有助于克服产权保护制度和契约不完善，能帮助企业扩大市场。政企关联公司处于较高的公共监控与审查之下，更有可能选择四大审计师事务所，通常采用较少的盈余管理（Guedhami，Pittman 和 Saffar，2014）。

Yu 和 Zheng（2020）研究了中国上市公司的政企关系是否会影响市场对监管机构调查的财务虚假陈述案件的反应，结果表明对于有关联关系的公司，市场对财务虚假陈述没有重大反应；然而，非关联公司的市场反应却很消极，这表明投资者不会因金融失实陈述而惩罚政企关联公司。

虽然政企关联有助于企业获取政府资源，但是也有一些研究表明政企关联给企业带来了消极影响。比如，Boubakri 等（2008）发现政企关联企业盈利能力欠佳，较之于非政企关联企业的销售利润率、营业收入增长率和利润增长率更低。Claessens 等（2008）分析了巴西企业数据后发现政企关联企业投资回报率较低，企业价值不高。Fan 等（2007）发现，中国的政企关联企业 IPO 长期回报率并不一定高于非政企关联企业，有“两会”身份的企业高管甚至会以股东利益为代价换取自己的前途。Lin 等（2018）研究了公司董事会与政府官员的关联关系是否削弱了税务机关限制中国企业避税的效力，结果表明，董事会与政府的政企关联关系对中国企业有效执行合法纳税可能是一个重大挑战。

当结合企业的产权属性进行分析时，林毅夫和李志赟（2004）、Lin 和 Tan（1999）认为，政策性负担导致了预算软约束。正是由于国有企业存在政策性负担，当国有企业出现资金问题时，政府往往会对其进行援助，这就损害了国有企业经营效率（田利辉，2005；Chen 等，2011）。Tihanyi 等（2019）使用 meta 分析技术对 139 个国家的 210 项研究进行了抽样，研究公有制和政企关系是如何影响公司战略和财务绩效的。研究结果表明，公有制对公司的财务业绩有很小的负面影响，政企关系对业绩没有直接影响。但是，公有制和政企关系都对企业追求的战略（如财务杠杆，研发强度和国际化等）产生深远影响。此外，Zhang（2020）利用我国民营企业 2012 年的调查数据分析了环境信息披露与企业投资行为之间的关系，发现由于缺乏公众参与和问责机制，环境信息披露对缓解企业环境污染行为的作用在政企关联企业中表现不明显，但是在那些非政企关联企业中表现较明显。

三、市场竞争对信息披露的影响研究

公司选择性披露决策是基于预期竞争者对披露内容的反应而做出的（于洁，2005）。市场竞争与公司选择性披露决策之间的关系是选择性披露问题的关键。前期研究从理论和实证上均证实，不同市场结构中企业的信息披露策略有所差异（Bertomeu 和 Liang，2015）。

（一）理论研究文献

在理论上，信息披露可能导致企业的私有信息被竞争对手利用，对企业产生负面影响，从而形成专有成本。前期研究大多以博弈论中的合作与非合作博弈、同时博弈与序列博弈以及产业组织理论为基础，假定在寡头垄断或者双头垄断的行业竞争背景下，每个企业拥有一些私人信息（包括每个企业的特征参数例如私人成本等），企业之间博弈均衡的结果要么是共享信息，要么是隐藏信息。

有些学者研究结果表明，竞争程度越高企业信息披露的概率就越低，市场竞争阻碍了企业信息披露。Verrecchia（1983，1990）在建立一个双头垄断模型，利用固定专有成本分析市场竞争与信息披露的关系后，发现激烈的产品市场竞争降低了信息披露概率。如果专有成本过高，企业的最优选择是减少披露。Lanen 和 Verrecchia（1987）发现，当企业面对高专有成本时，更愿意选择利用其他方式进行间接沟通，而不是直接披露。市场竞争会增加企业的专有成本，因此激烈的市场竞争会降低企业信息披露的积极性。Galor（1985）认为，高度竞争市场中各企业差异化程度较低，企业的经营决策结果类似，信息公开会导致企业信息披露成本增加，因此企业会减少信息披露。Oh 和 Park（2019）建立了一个信息披露质量模型，以揭示市场在位者的信息披露选择是如何影响潜在市场进入者的决策的。在这个模型中在位者首先选择是否在市场公开信息及其信息质量，随后潜在进入者决定做出是否进入的决定。研究表明，潜在的竞争可以为在位者选择不公开信息创造诱因。同时，研究还发现强制性披露能有效地促进潜在进入者进入市场并改善在位者企业的产品质量。Bova 和 Yang（2018）利用混合双头垄断模型分析了私营企业与关心社会福利并拥有市场需求信息的国有企业展开竞争的结果。研究发现当国有企业关心的社会福利问题足够重要且市场竞争力足够低时，国有企业会充分披露其私人信息，否则国有企业会保留其私人信息。在环境信息披露方面，冗余资源理论认为在激烈市场竞争条件下，面对巨大的成本压力，企业能用于环保投资的冗余资源有限，相应地在环境信息披露方面就可能表现较差（周志方，2019）。

另一些学者认为，竞争会促进信息披露。Darrough 和 Stoughton（1990）证明，为阻止潜在的竞争对手进入市场，市场中的在位者有自愿进行信息（特别是“坏消息”）披露的动机。Arya 和 Mittendorf（2013）利用“在位者—进入者”模型，对企业的信息披露行为进行了分析。在这个模型中，市场上同时拥有一个产品供应商和一个零售商，产品供应商以批发价格向零售商提供产品，同时它自己也直接向市场出售产品。此外，存在一个潜在的市场进入者，其生产的产品与当前市场上出售的产品存在不完全的替代关系。潜在进入者根据供应商的供应决策以及零售商可能披露的私人信息决定是否进入产品市场。该模型证明，由于潜在进入者的威胁，产品供应商会将零售商视为合作伙伴，市场中的在位企业会自愿披露“好消息”。Bertomeu 和 Liang（2015）发现，当企业处于弱市场竞争环境中，企业会降低披露信息的积极性；反之，企业会选择反映软竞争力的信息进行披露。Bertomeu 和 Maggie（2015）从理论上证明了产品市场竞争程度影响企业对外释放信息的决策：在竞争压力不大的市场中企业并不愿意主动披露信息，既是为了保持自己的竞争优势，也是为了减少信息公开成本。

与此同时，还有一些学者认为竞争性质影响着自愿性信息披露。比如，Shin Yong Chul（2002）的研究发现企业信息披露策略与产品市场竞争性质有关：当产品市场竞争表现为产量竞争时，企业由于需要筹集大量的资金用于扩大生产，充分披露信息能够减少环境风险，有利于降低筹资成本，因此企业会选择积极的信息披露策略；当产品市场竞争是围绕价格竞争开展时，企业不需要筹资扩大生产规模，因此企业会选择减少信息披露。Lin 和 Wei（2014）和彭浩（2017）指出，现有理论研究对竞争和信息披露关系的分析，在很大程度上依赖于模型的基本假定，只要一个微小变化，就会出现完全不同的结论。

（二）实证研究文献

与此同时，经验研究也出现了许多相互矛盾的结果。Harris（1998）指出，为了保住自己的超额利润和市场占有率，企业的信息披露量随市场集中度的提高而减少。类似地，Verrecchia 和 Weber（2006）用赫芬达尔赫希曼指数作为市场集中度的代理变量，分析信息披露量与市场集中度的关系，结果发现市场集中度低的行业，企业更愿意向美国证券和交易委员会提供包含自身专有信息的更新文件。Lin 和 Wei（2014）以美国进口关税税率调整为背景，利用双重差分法考察了产品市场竞争与企业自愿信息披露的关系，结果发现市场竞争的加剧会降低企业自愿信息披露水平。类似地，Huang 等（2017）以美国进口关税税率调整为背景，利用双重差分法考察了产品市场竞争与企业自愿披露收入预测信息的关系，研究发现企业专有成本增加会减少信息自愿披露。然而，Burks 等（2018）利用了 222 家美国银行数据研究了竞争的加剧如何影响在位公有和私立银行的自愿信息披露选择。研究发现随着进入壁垒的减少，信息披露语气变得更加负面，信息披露的增加与通过负面信息阻止进入的主导动机是一致的。

此外，还有研究从行业内产品市场竞争角度进行研究，结果发现企业的信息披露策略是动态变化的。当面临较大经营和资源压力时，企业往往会压缩环境成本，减少水污染管理之类环保活动的投入；当面临上升瓶颈时，企业通过产品和服务差异化获取竞争优势的空间较小，则可能会通过积极履行环保责任，而获取“绿色竞争优势”（周志方，2019）。

四、文献述评

现有环境信息披露研究围绕着披露报告的内容、环境信息披露的动因和环境信息披露、环境绩效、经济绩效三者之间的相关性，以及政策、媒体、公司治理、经营者个人等因素对披露质量的影响展开了探讨，并取得了丰富的研究成果。但是在这些研究中企业的环境信息披露行为很多是基于环境信息整体层面的分析，少数学者虽将披露内容划分为“软信息”和“硬信息”，但是把外界普遍比较关注的排污能耗、环保战略等部分敏感信息单独进行对比分析的却比较少见。

再者，前期相关研究多以政府干预较少的自由市场经济为基础。然而作为转轨经济中的国家，中国企业环境信息披露行为主要依靠政府推动（黎文靖，2012），因此离开行政干预和政企关联的现实背景去理解中国企业的环境信息披露行为是不准确的。

谈到政企关系，在前期的相关研究中，学者们讨论得最多的命题就是政企关联对企业的税收、补贴、融资等经济层面的影响后果。一些学者关注的是政府持有企业的股权，另一些学者关注的是企业聘请曾任或现任政府官员担任企业高管或董事产生的政企关联关系。考虑到企业高管也有动机主动寻求“两会”身份的帮助，并通过建立政企关联关系来获取利益。比如我国就有一些企业经营者积极争当地方人大代表和政协委员，因而还有一些学者开展了关于这一类现象及其影响的研究。然而，将政企关联从企业最终控制权属性和高管个人特征带来的关联关系两个角度同时定义，加以系统考察的研究并不多见。究竟是央企还是地方国企，抑或是民营企业能更好地履行环境信息披露责任？企业高管个人与高层政府建立的关联关系和与低层政府建立的关联关系，对企业履行环保责任是否存在影响差异？对诸如此类的问题却没能给出充分的说明。

此外，前期研究在讨论政企关联对企业的影响时，大多是以静态视角切入，对由企业控制权转移、高管个人情况变化等特定事件引发的关联关系变化，最终给企业决策带来的影响很少从动态角度加以系统探讨。这也是有待丰富的研究领域之一。

当人们关注政府这只“看得见的手”对中国企业环境信息披露行为的影响时，市场这只“看不见的手”是不应被忽视的。现有的文献在研究产品市场竞争对于企业信息披露的影响时，大多只限于研究与单因素之间的关系。事实上，企业信息披露决策是外部环境和内部治理因素共同作用的结果。比如，就产权性质而言，国有企业与民营企业在制定决策的出发点可能存在很大的差别：国有企业在制定相关决策时，不仅要考虑产品市场竞争因素，还要兼顾政府等非市场因素，政策驱动明显，而民营企业可以根据市场变化及时调节经营决策，市场驱动显而易见。因此，要准确理解企业信息披露决策行为就要综合考虑多方面因素的共同作用。既然前期研究都明确指出，不同市场竞争结构中企业的信息披露策略有所差异，那么政企关联对环境信息披露的影响在不同市场竞争结构中是否也会有所不同？市场与政府这“两只手”如何共同影响企业的环境信息披露行为？然而，遗憾的是，现有研究对不同市场竞争结构中政企关联如何影响企业环境信息披露行为的研究还是仍待完善的。

第三节　研究边界、内容及结构安排

一、研究边界

本书将立足于企业选择性环境信息披露行为，围绕“政府干预”“市场竞争”等现实问题，系统分析政企关联对企业选择性环境信息披露行为的影响及市场竞争在其中的调节作用，并提出政策建议。

正如前文所述，由于我国现阶段政府对企业环境信息披露的要求并不严格规范，因此企业在披露具体内容以及质量等方面存在较大选择余地，不同企业采用的环境信息披露策略有所不同。比如，从披露的内容看，反映企业履行环境责任状况的内容可分为“硬披露”和“软披露”两类（Clarkson，2008）。前者是环境绩效较差的企业在信息披露时难以模仿环境绩效好的企业的部分，而后者在信息披露时留给企业自由处置的余地更大（比如关于公司环境政策、环境操作守则的陈述等）。从环境信息披露的质量看，披露信息详略程度有差异：有的包含详细数量和文字信息，有的只包含简单文字或数字信息，还有的没有披露。本书研究的对象就是这种企业掌握了一定选择权的选择性环境信息披露行为。

政府一方面以投资者身份直接参与国有企业的经营管理，另一方面还掌握着强大的资源配置和行业规制权力，以行政手段影响着企业的环境信息披露策略决策。在中国的市场经济中，由于政府手中掌握着强大的行政支配权，企业可以凭借与政府建立的关联关系在市场准入、融资、税收等方面获得保护，因此，不少非国有企业在缺乏天然产权保护条件下，试图通过帮助其高管人员在政府部门寻求一席之地获得“两会”身份，或者聘请前任政府官员担任企业高管职务等途径，建立与政府的政企关联。这些具有政府任职背景的企业高管形成了除天然产权关联之外的另一种以个人关系为核心的政企关联。有鉴于此，本书关注的政企关联关系可以划分为两个层面：第一个层面是基于产权①天然属性形成的政企关联关系，第二个层面是围绕企业高管个人政府任职背景为核心建立的政企关联关系。

在此基础上，本书还将引入市场竞争结构因素，探讨不同市场竞争结构中政企关联对企业选择性环境信息披露行为的影响。产品市场竞争既可以着眼于行业间产品市场竞争，也可以着眼于行业内产品市场竞争，前者主要反映行业市场竞争水平，通常以行业竞争程度来衡量，后者主要反映行业内公司市场竞争水平，通常以企业竞争地位来衡量。在此需要说明的是，本书关注的是行业层面的市场竞争。

① 在第一个层面，我们关注的是企业的最终控制权属性，因此对于那些混合所有制企业，本书在研究中是根据最终控制人性质做出分析的。

二、研究内容

本书首先从理论上分析了政企关联与市场竞争对企业选择性环境信息披露行为的双重作用机制。基于信息不对称理论、信号显示理论、利益相关者论和成本—收益理论，结合我国经济与行政管理体制中的特点，从理论上分析了市场竞争和由政府干预引发的政企关联对企业选择性环境信息披露决策的影响，解释了市场竞争和政企关联均存在推动效应和抑制效应双重作用。

其次，结合近年来刚颁布实施的新《环保法》这一宏观制度背景，从静态角度横向比较了市场竞争与两个层面的政企关联关系如何影响企业的选择性环境信息披露决策，揭示了新《环保法》实施后不同企业间选择性环境信息披露水平的差异。特别地，还专门针对民营企业高管身份对新《环保法》实施前后不同时期企业选择性环境信息披露决策发生了哪些变化进行了纵向剖析。

再次，从微观动态角度，揭示了不同市场竞争结构中企业发生特定事件后，政企关联对企业选择性环境信息披露的影响。具体从三个角度进行了动态研究：（1）考察发生控制权转移企业的选择性环境信息披露变化。有鉴于产权属性层面的差异，本研究将揭示在不同市场竞争环境中，发生了控制权转移，尤其是国有产权关系变更的企业（从国有控制权企业转变为非国有控制权企业或从非国有控制权企业转变为国有控制权企业）在控制权变更后选择性环境信息披露的差异。（2）对比非国有企业通过高管获得政企关联后企业选择性环境信息披露的变化。研究中以民营企业高管进入人大或政协获得“两会”身份事件作为时间节点，考察在不同市场竞争环境中，非国有企业在高管人员获得“两会”身份后选择性环境信息披露反应的差异。(3) 研究在环保方面被媒体负面报道后企业选择性环境信息披露行为变化。媒体对企业的环保管理行为进行负面报道后会对企业形成外部压力，这时被曝光企业是否会积极利用自己掌握的信息传播渠道，积极开展与外界的对话，对环境责任行为进行充分解释？本书将分别揭示不同市场竞争环境中，不同类型政企关联企业对于不同形式的媒体负面环保报道反应方式上的差异。

最后，在动态研究基础上，又选择了三组企业进行了案例比较分析，并结合分析结果提出了对策建议。课题研究思路见图 1－1。

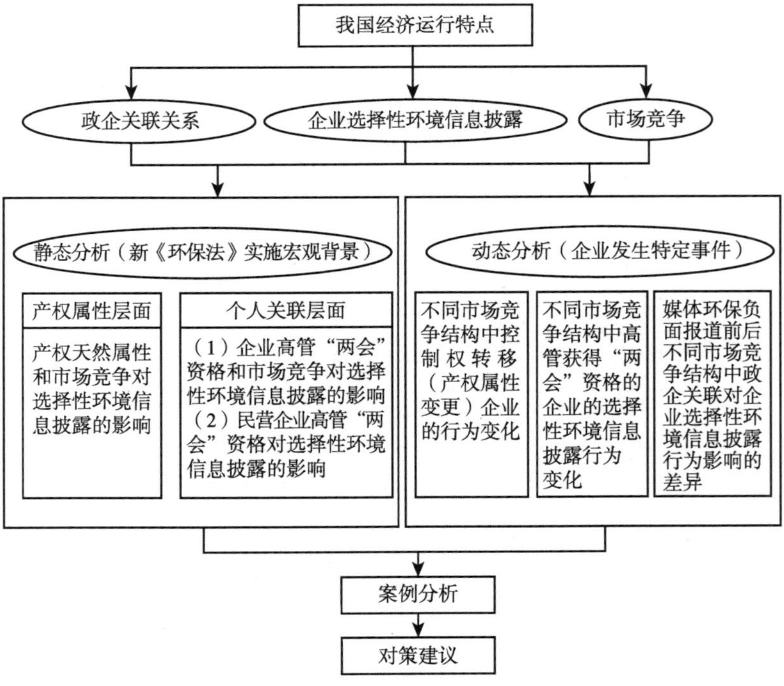

图 1－1　研究思路

三、本书的结构安排

本书的结构安排是：第一章绪论，总启全文，包括研究主题、现实背景、文献综述、论文的边界、主要研究内容及其结构安排以及主要创新点等。第二章介绍研究的理论基础，分析政企关联与市场竞争对企业环境信息披露的双重作用机制。第三章从静态视角结合近几年新《环保法》实施背景，从产权属性和企业高管政府任职背景两个层面分析了政企关联关系与市场竞争对企业选择性环境信息披露的影响。第四章就政企关联与市场竞争对企业选择性环境信息披露的影响进行动态分析，首先探讨了不同市场竞争结构中控制权转移对企业选择性环境信息披露的影响，接着检验了高管获得“两会”资格对不同市场竞争结构中企业选择性环境信息披露的影响，最后，分析了媒体负面环保报道和政企关联对不同市场竞争结构中企业选择性环境信息披露的影响。第五章是案例研究与比较分析，就方大化工与洛阳钼业、安诺其与四方达、兴发集团与铜陵有色进行对比分析。第六章主要是研究结论和政策建议。

第四节　创新点

本书围绕“政府干预”“市场竞争”等现实问题，从产权属性和企业高管个人任职背景两个层面刻画政企关联关系，系统分析了不同市场竞争结构中政企关联对企业选择性环境信息披露行为的影响作用。从政企关系和市场竞争角度对现有企业环境信息披露理论进行了拓展。具体体现在：

1. 结合新《环保法》实施背景，从产权角度揭示制度变迁背景下，不同市场结构中究竟是央企还是地方国企抑或是民营企业能更好地履行环境信息披露责任，同时从企业高管个人任职经历背景角度，区分了政企关联企业与非政企关联企业，以及政企关联企业中的高层关联关系和低层关联关系，对比分析了新政策形势下不同市场结构中高管任职背景层级差异对企业选择性环境信息披露的影响。

2. 结合市场竞争与政企关联因素，揭示了在不同市场竞争环境中，发生了控制权转移、非国有企业通过高管获得政企关联以及媒体负面环保报道后，企业选择性环境信息披露的动态变化特点。

3. 将外界最敏感的排放能耗和环境战略等方面信息同其他环境信息相分离，单独分析了其各自披露策略的变化特点，细化了对相关理论的理解。

同时本书在实践上为政府科学引导企业切实认真履行环境责任提供了决策参考，为相关部门在构建健康政企关系、提高企业履行环境责任效果等方面的政策制定提供了实践依据。此外，这些经验也为其他转型经济国家的可持续发展提供了借鉴。

本项目研究成果的特色在于：

1. 结合新《环保法》近几年刚颁布实施的背景，研究企业的环境信息披露行为特点，这个研究切入点的选择具有一定开创性。

2. 结合我国处于从计划经济向市场经济转轨这一特点，同时考虑政企关系和市场竞争两个因素，研究企业的环境信息披露行为，这种独特的研究思路使研究成果具有鲜明的现实意义和时代特征，从寻租与完善市场机制视角拓展了现有以非政府干预自由市场经济为基础的信息披露理论。

3. 查阅国内外最新资料，构建了一个新的符合中国企业特点的环境信息披露评价指数体系，以此为基础将环境信息内容分成不同部分（比如排放能耗和环境战略）并加以对比分析，从而揭示出环境信息不同部分内容的披露特点，细化了人们对前期环境信息披露相关理论的理解，从研究内容上弥补了现有研究的不足。

4. 创新性地从动态视角研究企业的环境披露行为，揭示了在不同市场竞争环境中，发生了控制权转移、通过高管获得政企关联关系以及被媒体负面环保报道后，企业环境信息披露行为的动态变化特点，拓展了现有环境信息披露理论。

第二章　政企关联与市场竞争对企业环境信息披露的双重作用

第一节　理论基础

对企业环境信息披露的理论分析可以围绕信息不对称理论、信号显示理论、利益相关者理论以及成本—收益理论，从披露动机、披露决策机制等角度切入。

一、信息不对称理论

在市场经济活动中，不同市场参与者能够获取信息的程度是不同的。掌握更多信息的参与者在经济活动中通常能够利用这种信息多的优势获取更多的利益，而掌握信息较少的一方通常处于信息不对称的劣势。信息不对称可能会导致道德风险和逆向选择。大股东和小股东之间，利益相关者与企业之间都存在信息不对称问题，而掌握较少信息的一方利益容易受到掌握较多信息一方的侵害，因此处于信息劣势的一方往往会要求企业进行更加充分的信息披露。此外，处于信息劣势的一方，当其作为投资者时，可能会依据经验进行判断做出决策，但是由于信息的不对称，这个投资决策可能和实际应该做出的正确决策不一致，导致逆向选择带来投资低效率问题。为了消除或改善逆向选择风险，信息劣势一方往往也会要求企业披露更多的信息。

利益相关者在企业履行环境责任方面也存在着信息不对称问题，企业经营者清楚地知道公司环境责任的执行情况，但是利益相关者不了解或只是粗浅地了解相关情况。因此利益相关者只能根据自己现有的认知或社会平均绩效来补偿企业在履行环境责任中的付出。这会导致环境绩效好的企业得到低于实际回报，而环境绩效差的企业反而得到高于实际回报。为了避免这种现象，具有良好环境绩效的公司将增加环境信息的披露，以减少信息不对称的负面影响（李力，2019）。

二、信号显示理论

信号显示理论起源于20世纪70年代，是对信息不对称理论的深入与发展，它论证了如何运用“信号”来调整市场信息的分配。信息持有者通过一定措施向信息缺乏者传达消息，以此来表明自身的优势（Lys，2015）。对于那些优质公司，其经营者倾向于披露更多“好消息”（如认真履行环境责任等），向投资者传递积极的信号，从而吸引投资者的关注，提升公司的形象，以便将自己与那些较差的企业区分开来。当然，为了避免被低估，中等质量的企业也会披露信息，向外界展示其竞争优势。企业信息披露承担了信号传递功能。这种信号传递在区分不同质量企业的同时，也强化了企业主动进行信息披露的动机。

由信号显示理论可知，企业有主动向外界传递信息的内在需求。现阶段随着人们环保意识的不断增强，对企业认真履行环保责任的要求越来越高，充分公开环境信息已是大势所趋。愈来愈多的企业主动认真履行环境责任，并将环境责任履行情况全面、及时地对外公开，以此向外界传达自己对环保问题持有的一种负责的态度，树立起优良的企业形象，将自己与那些不履行环保责任或履行了但披露不充分的企业进行区分（朱炜，2019），这有利于降低融资成本，提升市场竞争力（常莹莹，2019）。

三、利益相关者理论

利益相关者的范围是广泛的，他们有的为企业提供资金以获取投资收益，有的通过向公司提供劳动以获取薪资报酬，有的通过借出债权以取得利息收入，还有通过购买公司产品而享受公司提供的服务等。他们与企业存在各种各样的利益关系，这些与企业的日常经营活动相关的自然人或团体都属于利益相关者。显然，除了投资人外，供应商、消费者、银行、债权人、地方政府、社区等也对企业生存、成长产生着影响。因此，企业生产经营过程中，不能仅仅关注经营绩效、投资人利益最大化，还要考虑其他利益相关者的利益。利益相关者理论认为企业应综合考虑各利益相关主体的利益，满足不同利益相关方的需求，以保持公司与利益相关者之间的良性互动，推动企业的可持续发展。

作为利益相关者之一的消费者，是企业提供产品或服务的最终接受者。他们有权以“货币”投票，这直接决定了企业能赚取的利润。近年来，随着消费者社会责任意识的不断增强，消费者会关心企业产品在生产工序上、使用时和废弃处理时将会带来什么样的环境影响，他们更加青睐“绿色商品”。监管部门有权要求企业提供环境管理绩效的信息，为政府制定具体可行的环境政策和控制制度提供依据。并且随着“低碳环保”“节能生产”和“绿色发展”的概念受到越来越多人的理解和支持，作为最大污染源之一的企业，面临着越来越强的舆论压力与监督。因此，企业利益相关者的信息需求不仅是财务报告中公开的财务信息，他们还对安全生产、环境保护等其他信息有披露要求。他们希望看到企业能更好地履行环境责任，有更好的环境绩效。为了满足这些需求并在未来拥有更好的发展前景，企业也开始重视环境保护和履行环保责任，并主动地向利益相关者提供相关的环境绩效信息，以获取他们的认可与支持（戴晓迪，2016）。

四、成本—收益理论：环境信息披露决策依据

企业履行环境责任也是一种投资行为。像其他投资决策一样，为了追求利润最大化，企业也需要考虑供求关系（Mcwilliams 和 Siegel，2001）。

在需求方面，前期研究已经识别了诸如消费者、投资者、当地社区和政府等这些对企业履行环境责任有需求的主要利益相关者，他们希望企业能提供绿色产品和服务、减少污染排放、回收废物和降低能耗等。为此，企业经营者将评估环境需求带来的收益（例如提供绿色产品后从中获得的竞争优势、利益相关者对企业的环保活动的评价等）。

在供给方面，伴随着信息披露而来的是专有成本，它不仅表现在为了满足环境责任的需求，企业需要短时间内投入大量成本（比如需要添购更多固定资产和无形资产、支付更高的工人工资等），而且过多信息披露将导致企业在竞争中处于被动地位，并带来经济损失。为此企业经营者将会评估对应的专有成本。供应和需求的框架意味着企业环境信息披露的最终选择取决于环境需求和对应于相关信息披露的专有成本孰大孰小。

第二节　政企关联与市场竞争对企业环境信息披露的双重作用

政府干预与市场调节是经济运行中的两种调节机制，企业的

选择性环境信息披露行为作为经济运行的一个环节自然也受到这两种力量的影响。接下来就政企关联与市场竞争对企业选择性环境信息披露的作用效应进行阐述。

一、市场竞争对企业环境信息披露的双重作用

（一）强市场竞争的作用

企业为了在竞争中生存下来需要适时地调整信息披露策略（Bertomeu和Liang，2015）。“绿色竞争优势”理论持有者认为，处于强竞争市场的企业为了降低企业的经营风险、拓展新的产品市场、以低成本获得外部资金，必须减少企业内部和外部的信息不对称（Luo，2019），塑造良好的社会形象。因此有些学者认为强竞争市场企业愿意积极披露自己的专有信息，以此维持自己的市场份额和利润水平，降低融资成本（李力，2019）。作为企业重要利益相关者之一的消费者，通过购买企业产品，进行“货币投票”。随着消费者环保意识的不断增强，他们对企业认真履行环保责任的诉求也不断上升。消费者对企业环保责任履行情况并不完全了解（即企业和消费者之间存在信息不对称），信息披露自然成为有效解决措施之一。因此如果企业能够认真履行环境责任并及时充分地对外公开环境信息，那么就可能吸引更多的消费者用“货币投票”选购本企业的产品，提升企业的市场占有率，也能更容易获得外部融资（Yao，2019）；反之，那些不认真履行环境责任、不重视环境信息披露的企业，消费者将会放弃用“货币投票”，由于失去了消费者支持，企业在产品市场的竞争地位就会每况愈下。因此在竞争激励的市场中企业为了赢得竞争优势愿意及时对外公开企业环保责任履行情况方面的信息（Porter等，1995）。Porter等（1995）和余伟（2015）等也分别从理论和实证角度证实，企业在保护环境方面的优良表现，有助于企业降低融资成

本，迅速获得环保许可，抢先将产品打入市场，赢得市场份额，而故意隐瞒环保事故、环保隐患等做法，可能被雇员、社区以及其他风险承担者认为不适当，引发高环境风险和环境成本，因此，认真履行环保责任、披露详实的环境信息是一种潜在的竞争优势。强竞争市场中企业对公开环境信息持积极态度，是由于市场竞争经济规律而致，故在此称之为“市场推动效应”。

然而，当投入资源履行环境责任时，企业短时间内可能会耗用大量成本，公开环境信息过程本身也需要支付一定信息公开成本。激烈竞争市场中，企业平均利润率不高，财务负担重，面临破产风险大，企业内部融资能力差，能动用的资源非常有限，过多环保投入在短时间内势必会挤占其他方面的资源，企业没有能力采用相应的竞争战略来维持和提升自己的市场地位。此时怠于履行环保责任，减少相关信息披露就可能会成为企业的选择（任宏达，2019；彭浩，2018）。强竞争市场中企业对公开环境信息持消极态度，是由于市场竞争经济规律而致，故在此称之为“市场抑制效应”。

（二）弱市场竞争的作用

对于企业而言，社会责任的承担以及相应的信息披露需要付出成本。弱竞争市场中，一方面，垄断企业产品市场竞争力强，存在超额利润，企业盈利能力好，有实力承担披露环境信息的成本，拥有更大的选择空间。既然履行环保责任是一种潜在的竞争优势，有利于获得消费者的认可和政府等其他利益相关者的支持，当面对日益严格的环境规制和人们不断提升的环保意识，以及垄断行业进入的较高壁垒时，企业可以通过增加环保投入来维持和提升自己的竞争优势（Chen 和 Qian，2020），获得政府等利益相关者的支持与“合法性”认可。企业在成本收益权衡之后，垄断市场的企业就可能对公开环境信息持积极态度。在弱竞争市场中企业对公开环境信息持有的积极态度，也是由于市场竞争经济规律带来的，故在此称之为“市场推动效应”。

另一方面，信息披露成本可能会超过披露收益。虽然寡头或垄断企业可以通过战略协作、价格操控等手段获得披露收益，但战略联盟有一定稳定性风险。与此同时，企业披露的信息越多，市场上的竞争对手就越有可能利用其中有用的信息来进行攻击。况且高度集中的市场中，企业任何增加市场份额的企图都会引发竞争对手的反击，随着全民环保的意识的提高，环保信息也属于这类敏感信息。这也迫使企业在某些情况下采用消极的信息披露方式来应对产品市场的竞争。

前期研究中不仅 Bertomeu 和 Maggie（2015）从理论上证明了弱竞争市场企业为了保持自己的竞争优势和减少信息公开成本并不愿意主动披露信息，而且李强（2017）和卢正文（2011）从实证角度也证明，由于现有和潜在的进入者较少，产品难以被替代，企业市场占有率稳定，面对公开环境信息需要承担的成本，垄断行业企业缺乏足够的经济动机进行信息披露，垄断行业企业社会责任的履行水平普遍较低，高度垄断市场结构中企业进行信息披露仅仅是迫于法律法规的要求。弱竞争市场中企业对公开环境信息持有的消极态度，也是由于市场竞争经济规律带来的抑制效应，故在此称之为“市场抑制效应”。

二、政企关联对企业环境信息披露的双重作用机制

虽然中国经济市场化改革不断深化，但政府仍会干预资源分配等经济活动。政企关联企业中有政府背景的企业高管比其他经营者更了解政府运作的规则，与政府官员的沟通更加顺畅，基于现有政策法规和其他方法获取信息的能力更强。因此，政企关联关系不仅有利于企业更好把握机会，而且还能在政府采购、补贴

与税收等方面给企业带来便利。此外，企业高管还通过积极参选“两会”代表委员等途径获得发言权，以影响政府决策。大量研究表明，政企关联关系可以给企业带来巨大的利益，某些企业从政企关联中所获得的利益甚至超越了其在市场上所赚取的收益。由此可见，政企关联是一种有价值的资源。

地方官员“晋升锦标赛”理论（周黎安，2007；Chen 和 Kim，2018）指出，中国行政体制由中央、省、市（地级）、县和乡镇五级政府构成，由于中央或上级政府有权力决定下级政府官员的任命，而无论是省与省之间，还是在市、县、乡之间都有相似之处，“块块”行政管理体制在不同层次上的同构性使得这些地方政府的绩效比较容易进行相互比较，因此官员“锦标赛晋升”竞争可以发生在中央以下的任何一级地方政府之间，成为一种常态。当然，竞赛标准由上级政府决定，它既可以是 GDP，也可以是环境保护等。

现阶段中国具有“政府干预”特点的经济治理机制导致了经济运行非市场化（He 等，2019）和权力寻租（Giuli 和 Kostovetsky，2014；Chaney 等，2011；Chen 和 Kim，2018）的特点。“当企业社会责任成为上级政府的关注点时，它自然会被纳入近期官员‘晋升锦标赛’的标准”（皮建才，2012），并且迅速在各级政府中逐级铺开。由于一些重要的资源（如行政审批、土地征用、财政补贴、税收优惠等）掌握在地方政府的手中，地方官员对地方经济发展具有重要影响力，此时履行环保责任可能成为企业向上级政府官员寻租的重要途径。企业通过加大环保投入，发布环境责任报告来帮助官员获得晋升，而政府官员则给予回报，因此政府容易通过寻租将经济目标之外的社会目标转嫁给关联企业（Jia，2016）。

Schweizer（2019）甚至发现一些企业为了构建“政治帝国建筑”，不惜牺牲投资者经济效益。邹萍（2018）的研究的确显示，作为一种避税手段，社会责任信息披露显著降低了企业实际税负，政企关联强化了这种避税效应。Lei 和 Nugent（2018）的研究也证实，政企关联企业为了从政府那里取得回报，愿意迎合政府需求做事，因此履行环保责任沦为政企寻租手段。

企业按政府意图发布环境责任报告，帮助官员在“晋升锦标赛”中获胜，并通过政府的政策资源获得超额利益（林润辉等，2015），这体现了“政企合谋”的合作机制（Lewis，2014）。也即是说，各级政府及官员个人通过经济或行政控制权等途径让企业更好履行环境责任，更充分披露环境信息的力量源于企业对政府的依赖（林润辉等，2015），是一种企业利益与政府利益的“交换”。由于它有助于推动企业积极披露环境信息，故称之为“政府推动效应”。

地方政府具有区域经济控制主体和经济利益主体的双重作用。当作为委托人的中央政府出现信息不对称、监管薄弱时，地方政府往往会背离中央政府，以各种形式推诿实施中央政府的相关政策。比如，当出现公共问题时，地方政府往往从局部的地方利益出发，对公共事务采取“不作为”或抱着“搭便车”的心态，从而滋生地方保护主义现象。

财政分权和分税制改革后，各级地方政府除了保护环境还有减少财政赤字、促进居民就业等职责（雷海民等，2012）。由于短期之内地方政府手中资源有限，环保投入、产能调整、产业升级等可能出现挤占其他资源的情况，于是一些地方政府需要在中间找到平衡，其最终权衡结果很可能会牺牲部分环境保护，以环保换增长。特别是一些企业是当地政府财政收入的主要来源，某些情况下当地政府并不愿意也不敢对这些企业的环保违规行为实施严厉处罚（方颖，2018）。中央环保督查组报告中也指出，“一些地方政府部门不担当、不敢担当问题比较突出，遇到问题‘绕着走’”，为当地一些企业的环保违法行为撑起“保护伞”，导致企业并不重视认真履行环保责任。

罗喜英和刘伟（2019）的研究检验了政企关联对企业环境违规处罚的影响，研究证实，政企关联能够降低企业因环境违规而受到的处罚，而地区市场化水平较高的经营环境能够抑制政企关联对企业环境违规处罚的“庇护效应”。

由于地方政府在这个过程中发挥的是反向作用，抑制了企业充分披露环境信息的积极性，在此称之为“政府抑制效应”。

资源垄断性企业自身具有资金、技术等资源优势，往往是当地经济发展的推动因素，是当地政府财政收入的主要来源。但与此同时，由于资源垄断性行业市场准入高，政府干预范围最广，因此企业对政府的依赖性也最严重。在这种双方互相严重依赖情况下，不论是“政府抑制效应”还是“政府推动效应”，在垄断性行业中都表现得较竞争性行业更明显。

在高度竞争市场中，由于产品市场竞争激烈，所以企业利润率低，承担的融资、拓展市场等压力较大，能够承受的环境成本小。企业渴望在政府帮助下获得税收优惠、财政补助或政府采购等，因此他们重视维护政企关联关系，也容易与政府达成“合谋”。有鉴于此，政府的推动作用在高度竞争的市场也会表现得较明显。

第三节　本章小结

本章基于信息不对称理论、信号显示理论、利益相关者理论和成本—收益理论，结合我国经济与行政管理体制中的特点，从理论上分析了市场竞争和由政府干预引发的政企关联对企业选择性环境信息披露决策的影响，提出市场竞争和政企关联对企业环境信息披露决策均存在推动效应和抑制效应双重作用，书中将其概括为市场推动效应、市场抑制效应、政府推动效应和政府抑制效应，并且指出不同市场竞争结构中，这些推动和抑制效应存在各自特点。本章对市场竞争和政企关联的推动与抑制效应的分析将是后续实证研究提出研究假设的理论依据。

第三章 政企关联与市场竞争对企业选择性环境信息披露影响的静态研究：基于新《中华人民共和国环境保护法》实施的考察

政府一方面以投资者身份直接参与占国民经济较大比重的国有企业的经营管理，另一方面还以强大的行政手段影响着企业的决策，因此要准确理解中国企业选择性环境信息披露行为就需要从企业产权属性和高管个人背景两个层面来考虑政企关系因素（黎文靖，2012）。与此同时，面对不同市场竞争压力，企业的寻租倾向（李四海等，2015）和信息披露策略（Bertomeu 和 Maggie，2015）都有所差异。因此在研究中国企业选择性环境信息披露时，需要同时引入政企关系和市场结构因素。本章结合 2015 年新《环保法》实施背景，从企业产权属性和高管个人任职背景两个角度考察政企关联关系，以沪深两市重污染上市公司为样本，对比分析了不同市场结构中政企关联因素如何影响企业的选择性环境信息披露决策，试图从静态角度揭示新《环保法》实施以来，中国重污染企业在政企关联和市场竞争因素共同影响下进行选择性环境信息披露的特点。

第一节　新《中华人民共和国环境保护法》实施后企业间环境信息披露差异的比较：基于市场竞争与政企关联因素的考察

Clarkson（2008）将环境信息内容分为“硬披露”和“软披露”。他认为前者是环境绩效较差的企业在信息披露时难以模仿的部分，而后者是有关环境目标方针政策等的陈述，较易模仿。那么环境信息不同部分的披露策略是否会因政企关联和市场竞争因素而有所差异？此外，由于政府层级存在差异，企业与不同层级政府的关联关系是否也会影响企业的选择性环境信息披露决策？下文分别从产权类型和高管个人政府任职背景两个角度反映政企关联关系，并按照政府层级区分政企关联类型，分析新《环保法》实施后，在市场竞争和政企关联两个因素影响下，不同企业之间“硬披露”和“软披露”水平的差异。

一、研究假设

中国1989年颁布的《环保法》以及其他相关法规中没有对企业公开环境责任信息行为进行规定。虽然2003～2008年陆续出台了一些管理文件要求企业公开披露环境信息，但一直以来由于没有明确的规范，企业对公开的环境信息内容有较大选择余地。2015年1月1日新《环保法》正式实施，其中第55条要求重点排污单位应公开主要污染物的名称、排放量等信息，以立法形式进一步规范了企业行为。在这种情况下，企业理应选择投入更多环保资源，更充分披露环境信息。然而由于现阶段中国企业环境治理技术滞后、成效低，环境绩效相对普遍不高，加之环保投入具有周期长、风险大、成本高的特点，企业往往难以在相对较短的时间内改变环保现状，借助公开排放量、污染治理投入、环保技术等硬信息对外传递积极信息的手段难以实现，而只能通过积极披露环境战略、环保目标等容易人为操纵的软信息“粉饰”自己环境责任履行情况（Bertomeu 和 Ivan，2016；朱炜，2019；陈璇和钱维，2018）。

与此同时，超产权理论认为面对产品市场的竞争，为了在竞争中生存下来，企业需要相应地调整信息披露策略（Bertomeu 和 Liang，2015）。Bertomeu 和 Maggie（2015）从理论上证明，产品市场竞争程度影响企业对外释放信息的决策：在竞争压力不大的市场中企业并不愿意主动披露信息，既是为了保持自己的竞争优势，也是为了减少信息公开成本。而在竞争激烈的市场中，企业为了赢得竞争优势愿意积极披露一些不需要审计、不容易被证实的、易于操纵的内容。有鉴于新《环保法》实施后的强大环保压力，提出如下假设：

假设 H3.1.1：竞争市场的企业会较多披露软环境信息。

具有中国特色的“双向交流，交叉任职”等治理机理使国企高管和政府官员的职业生涯界限并不清晰（雷海民等，2012），形成了另一种以高管个人身份为核心的政企关联。田利辉和张伟（2013）、李健等（2013）等研究显示，中国上市公司 30% ~ 40% 的高管具有政府任职背景，这其中有些是政府官员到下属国有企业任职或兼职，有些是前政府官员到民营企业“高级打工”或“下海”经商。同时政府部门还有不少官员出身于“石油系”“煤炭系”。

在此背景下，当企业环保责任被纳入官员“晋升锦标赛”的标准后，企业通过加大环保投入，发布环境责任报告来帮助官员获得晋升，而政府官员则给予企业相应回报；对于那些非国有企业可以通过政府的政策资源获得超额经济回报；对于那些国有企业除了获得超额经济回报外，企业高管还能得到上级政府肯定，获得体制内的晋升。由此可见，国有与非国有企业寻租动机不同："国有企业体现为上级官员与国企高管之间目标与未来晋升机会之间的交易行为；非国有企业表现为政府支持的回报与寻租成本的权衡，是企业与政府官员之间的利益交易行为"（黎文靖，2012）。

就国有企业而言，也有中央控股（央企）和地方控股（地方国企）两种形式。皮建才（2012）认为，国资委的设立明确了中央及地方政府的国资出资人地位与责任，在中国财政分权和分税制改革之后，地方政府承担着地方经济发展的主要支出，地方政府除了承担社会责任外，还有巨大的财政压力，这就意味着地方政府官员的锦标赛竞争标准中除了环保标准外还有较高的财政标准，他们需要在中间找到平衡（雷海民等，2012）。正是由于各级地方政府目标可能会偏离中央政府目标，出现中央与地方政府以及高层与低层地方政府间委托代理关系中的"道德风险"问题（曹春方等，2014），并且这种委托代理链条越长越容易偏离中央政府目标，这就决定了各级政府主体及各级政府官员自身利益倾向的差异以及所属各行政层级企业寻租动机的差别，也即是说，各级地方政府和中央政府需要的企业互惠回报内容可能存在差异（李健等，2012）。这也正是政府抑制效应的基础。

具有政府背景的企业高管形成了以个人关系为核心的政企关联。企业社会责任和无良行为在很大程度上受高管个人任职经历、性别等人口特征因素影响（Li，Lin 和 Zhang，2019），高管的决定影响着企业行为是着眼于短期利益还是长期利益，因此高管个人因素也影响着企业环保决策（Lewis，2014）。在前面所阐述的政府推动效应作用下，政府较容易将社会目标转嫁给那些关系密切的企业，同时回报以更多的超额收益（Jia，2014）。这就造成有政府背景的企业与无政府背景的企业以及有不同层级政府背景的企业对待环保责任的差异。

一般而言，央企履行环保责任时有这些特点：一是中央政府拥有这些企业的产权控制权，作为投资者直接干预企业经营决策，更容易推动企业承担较多的环保责任；二是由于委托代理链较短，基于“体制内晋升”目的，那些本身带有较高行政级别的央企高管个人更容易与中央政府目标达成一致；三是这些企业通常自身规模较大（比如中石油、中石化、宝钢股份等），资金、技术资源较充足，平时受到政府与公众的关注与监督更多，这也迫使企业会更好履行环境责任。

类似地，与高层政府有关联的企业履行环保责任时也有两方面特点：一方面由于中央地方政府委托代理链条较短，基于个人“体制内晋升”和“寻租”目的，企业容易与高层政府目标达成一致；另一方面能与高层政府建立关联的企业规模一般较大，受到的各方面监督更多，同时企业自身具有的资金、技术等资源优势明显。因此这类企业也更可能认真履行环保等社会责任。

由此，政府推动效应的影响下，关联企业更可能会认真履行环保责任，真正从实质上改善环保表现。故提出如下假设：

假设 H3. 1. 2a：垄断行业央企披露硬环境信息状况显著好于其他企业。

假设 H3. 1. 2b：垄断行业高层政企关联企业披露硬环境信息状况显著好于其他企业。

正如政府抑制效应分析中指出，除了保护环境外，地方政府职责还包括减少财政赤字，增加当地居民就业机会等，政府层级越低，其兼具的区域经济调控和经济利益主体的双重角色越明显（李健等，2013），在对待环保的态度上地方政府越有可能与中央政府出现背离。中央环保督查组报告中指出一些地方政府部门不担当、不敢担当，甚至为当地企业环境违法行为撑起了“保护伞”。正是由于各级政府主体的利益倾向有差别，地方国企和那些与低层地方政府有关联的企业面对新《环保法》实施的强大压力，履行环保责任更可能是一种“被动应付”，通过增加披露一些人为容易操纵的软信息来“粉饰”自己的环境责任履行情况。因此在低层地方政府的抑制效应影响下，提出假设：

假设 H3.1.3a：垄断行业地方国企披露软环境信息状况显著好于其他企业。

假设 H3.1.3b：垄断行业低层政企关联企业披露软环境信息状况显著好于其他企业。

图 3－1 总结了研究假设的逻辑框架。

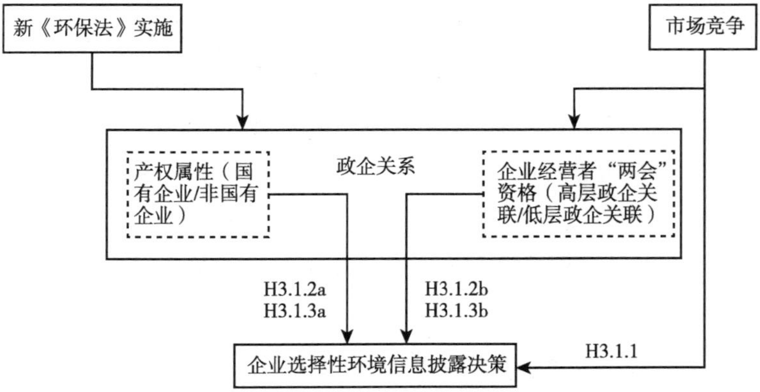

图 3－1　研究假设逻辑框架图

二、研究设计

（一）样本与数据来源

研究选取了截止到 2015 年 12 月 31 日以前在中国沪、深两市 A 股上市的 322 家重污染企业为样本，样本公司涵盖石油加工、造纸及纸制品业、橡胶和塑料制品业等15个行业[①]。根据样本公司2015年年报、社会责任报告或可持续发展报告中有关环境管理和股权信息的论述以及年报和相关网站公开的高管任职信息，对比分析了市场竞争与政企关联对企业选择性环境信息披露行为的影响，以揭示新《环保法》实施后不同企业之间环境信息披露水平的差异。研究所需数据来源于国泰安CSMAR财务数据库、RESSET数据库、王小鲁等（2016）提供的中国市场化指数报告、“巨潮网”提供的年报和企业社会责任报告以及百度网站。其中股权结构和财务数据通过数据库调用，环境信息数据和企业高管背景数据通过机器和人工收集得到。

（二）变量选择及计量方法

1. 环境信息指数。沿用Clarkson（2008，2011）内容分析法（Content Analysis），以GRI（Global Reporting Initiative）《可持续发展报告指南》（2016年第4版，简称GRI4.0版）为基本依据，结合了《中华人民共和国国家环境保护标准》《企业环境报告书编制导则》（HJ617－2011）和环保部《上市公司环境信息披露指南》（2010），对其进行了一些修正，构建了企业环境信息指数指标体系。该指标体系将环境信息内容概括为21个方面。附录1中表A－1将这21个方面的具体内容与GRI4.0、《企业环境报告书编制导则》（HJ617－2011）和《上市公司环境信息披露指南》（2010）的内容做了对照。

研究中将“环境”“污染”“排放”“减排”“废”“环保”“耗用”“消耗”“绿色”“清洁”“可持续”作为关键词，对年报和社会责任报告中描述环境责任方面的内容按上述指标体系进

① 环境保护部出台的《上市公司环境信息披露指南》明确钢铁、煤炭、冶金、化工、石化、建材、造纸、酿造、纺织、制革和采矿业等16类行业上市公司为重污染行业。依据上述规定，在此认定证监会行业编码为B06、B07、B08、B09、B11、C17、C18、C19、C22、C25、C26、C28、C29、C31、C32行业的企业为重污染企业。

行分析并赋值。各指标赋值方法具体是：各指标如果包含详细数值和文字信息赋值为“4”；包含简单数值和详细文字信息赋值为“3”；仅包含详细文字信息赋值为“2”；仅包含简单文字信息赋值为“1”；无披露赋值为“0”。

Clarkson（2008）将反映企业环境信息披露状况的各指标分为“硬信息”（*HARDEDI*）和“软信息”（*SOFTEDI*）① 两类。他认为前者具有更好的客观性，是环境绩效较差企业在信息披露时难以模仿的部分，后者在信息披露时具有更大主观性 Clarkson（2008）。在此 *HARDEDI* 和 *SOFTEDI* 等于所属各项指标赋值直接加总。为了检验评分者赋值结果是否可靠，采用了重测信度法对各环境指数进行了验证，由于一致性系数均大于 0.950（5% 水平上显著），故可以认为赋值结果是稳定的。

2. 产权类型。该变量为一系列虚拟变量。在此按照最终控制人属性将企业分为民营企业（*Ucd*3）、央企（*Ucd*1）和地方国企三类。

3. 企业高管任职背景。首先按照企业核心高管人员②是否正在或曾在人大、政协以及其他政府机构（包含军队）任职，将企业分为高层政企关联企业（*Pch*）和低层政企关联企业（*Pcl*）。*Pch* 等于企业高管曾在或同时在省/师级以上（包含省/师级）人

① “软信息”包含前文所述附录 1 中环境信息指标体系中的机构最高决策者如 CEO 董事长就环保发展战略的声明、描述机构对环境和社会责任方面的重要影响以及相关的挑战和机遇、企业环境方针发展战略以及环境经营的主要途径及目标、环境管理制度、管理结构及环境管理体制和管理制度，而指标体系中的其他指标则都划归“硬信息”。

② 由于国有企业董事长和总经理一般由上级政府指定，因此认为国有企业的董事长和总经理是企业高管团队的核心。与之不同，民营企业的董事长和实际控制人（有时两者为同一人）往往就是企业所有者（或所有者亲属），对企业日常管理具有绝对控制权，总经理和其他企业高管由他们指定，因此认为董事长和实际控制人是民营企业高管团队的核心。

大、政协以及其他政府机构任职人数①。*Pcl* 等于企业高管曾在或同时在省级以下（不包含省级）人大、政协以及其他政府机构任职人数②。

4. 市场竞争。在此关注行业间市场竞争程度。用虚拟变量 *Herf* 反映产品市场竞争程度。研究中沿用前期学者们常用的赫芬达尔指数作为衡量依据。若企业所在行业赫芬达尔指数大于当年样本整体行业赫芬达尔指数的平均值，则认为是弱竞争行业（垄断组企业），其 *Herf* 取"1"，反之，认为是强竞争行业（竞争组企业），*Herf* 取"0"。

5. 环境绩效。目前没有权威机构对中国上市公司的环境绩效进行专业的评价或排名，研究时从外部认可（*Enev*）和企业内部经营管理（*Iso*）两个层面入手，反映企业环境绩效水平（陈璇和 Knut，2013）。从企业外部看，如果考察期内企业获得环境友好企业等环保荣誉或奖励，说明环保工作获得了外界的肯定，变量 *Enev* 取"1"，反之取"0"。从企业内部看，ISO140001 环境认证较全面地反映了企业环保水平，是一种非强制性的标准化环境管理体系，企业如果通过了 ISO14000 系列环境认证，*Iso* 取"1"，否则为"0"。

6. 市场化程度。由于地区经济发展不均衡，市场化程度有差异。市场化程度较高地区的法律有效性、资源配置效率较高，有利于该地区社会公众与政府发挥外部监管作用。因此研究中控制了市场化程度差异（*Mak*）的影响。在此沿用学者们普遍接受的王小鲁、樊纲等（2017）编制的市场化进程指数加

① 如果出现在全国或省级人大、政协或政府部门多处任职情况时，按照任职次数累计。

② 可能出现在省级以上和省级以下人大、政协或其他政府部门同时（或曾同时）任职的情况，在此就按照相应层级关系同时计入。

以衡量[①]。

7. 经济绩效。由于中国股票市场发展不够成熟，较之于市场价值，会计业绩更能客观反映企业经营状况。本书选用了反映企业盈利能力的总资产收益率指标（*Roa*）[②] 和反映企业发展能力的销售收入增长率指标（*Salegrowth*），来衡量公司经济业绩。

此外，Murillo－Luna（2008）等研究表明，企业规模（*Size*）、资本集约度（*Capintensity*）、财务流动性（*Finliquidity*）以及负债比率（*Finrisk*）等因素也会影响企业环境管理活动的决策，因此对这些因素也分别加以了控制。各变量的计算方法如表 3－1 所示。

表 3－1　　变量设计

变量类型	变量名称	变量符号	变量说明
因变量	环境信息披露指数	*HARDEDI*	该企业各项硬环境信息指标赋值汇总
		SOFTEDI	该企业各项软环境信息指标赋值汇总
自变量	所有权类型	*Ucd*1	当企业是央企时，取“1”，反之，取“0”
		*Ucd*3	当企业是民营企业时，取“1”，反之，取“0”
	高管政企关联	*Pch*	企业高管曾在或同时在省级以上（包含省级）人大、政协以及其他政府机构任职人数
	市场竞争	*Pcl*	企业高管曾在或同时在省级以下（不包含省级）人大、政协以及其他政府机构任职人数

① 由于市场化进程指数不是每年编制，因此如果相应年度没有披露对应年度的市场化进程指数，就选用已披露的前面年度中最近一年的市场化进程指数。

② 由于净资产收益率指标是证监会对上市公司进行首次发行、配股和特别处理的考核指标，企业对这一指标进行盈余管理的现象十分严重，同时它没有考虑经营风险与税收差异等缺陷，因此本书选用了总资产收益率（Roa）这一指标。

续表

变量类型	变量名称	变量符号	变量说明
自变量	市场竞争	*Herf*	若某企业所在行业的赫芬达尔指数大于整体样本企业所在行业当年赫芬达尔指数的平均值，则取“1”，反之，取“0”
控制变量	环境绩效	*Enev*	如果在相应年度获得了外部授予的环保荣誉和奖励，取“1”，反之为“0”
		Iso	如果通过 ISO14000 系列环境认证，取“1”，否则为“0”
	市场化程度	*Mak*	某企业注册所在地相应年度市场化进程指数
	经济绩效	*Roa*	总资产收益率（净利润/期末资产总额）
		Salegrowth	销售收入增长率（当年营业收入与上一年营业收入差额/上一年营业收入总额）
	企业规模	*Size*	期末总资产的对数
	资本集约度	*Capintensity*	净资本成本与期初资产总额的比值
	财务流动性	*Finliquidity*	经营活动产生的现金流量净额与期初总资产比值
	负债比率	*Finrisk*	期末负债总额与期末资产总额的比率

三、描述性统计分析

图 3 -2 是样本企业软、硬环境指数的正态概率图。由图 3 -2 可以看出，*HARDEDI* 点所形成的图形向上弯曲呈 U 形，是非正态左边截尾分布，而 *SOFTEDI* 点所形成的图形与直线几乎重合，可以认为基本符合正态分布。

表 3 -2 是各环境指数描述性统计分析结果。在表 3 -2 中，*HARDEDI* 的中位数为 9，平均值为 12. 121，标准差为 11. 354；*SOFTEDI* 的中位数为 5，平均值为 5. 28，标准差为 3. 394。由此

可见，从整体上看，企业环境信息披露水平普遍偏低。前期研究也发现目前我国企业环境信息透明度整体较低，特别是“硬性”指标水平更低（潘安娥，2018）。

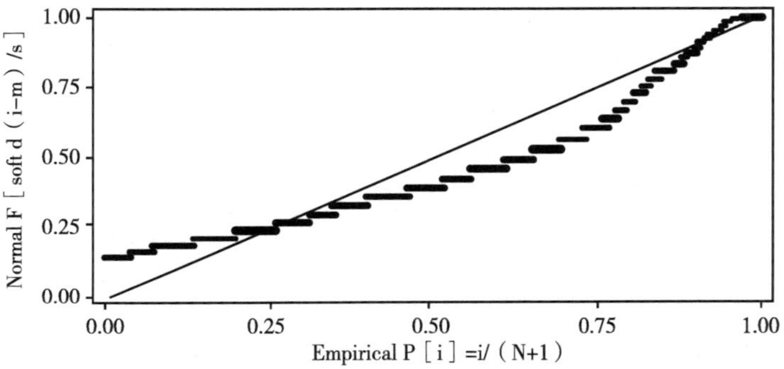

实施后HARDEDI正态概率图

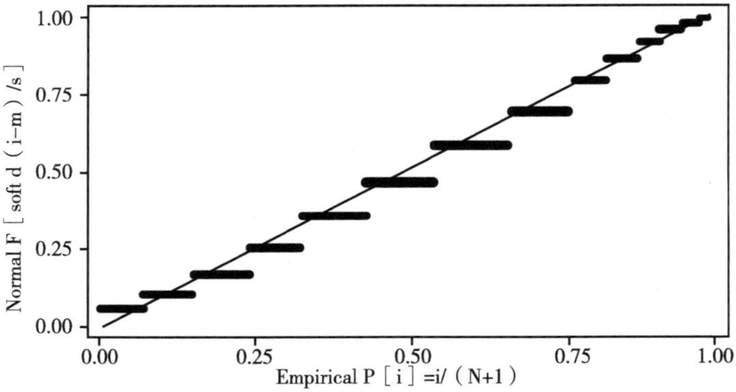

实施后SOFTEDI正态概率图

图 3－2　各环境指数正态概率图

表 3－2　　　各环境指数描述性统计分析结果

指标	年份	中位数	平均值	标准差	样本量
HARDEDI	2015	9.000	12.121	11.354	322
SOFTEDI	2015	5.000	5.280	3.394	322

四、新《环保法》实施后企业间环境信息披露差异的比较研究

以下将建立回归模型，分别就新《环保法》实施后，不同市场竞争结构中，产权类型和高管个人任职背景对企业环境信息披露发挥的调节效应进行检验，以分析新《环保法》正式实施后企业选择性环境信息披露行为的特点。

由于前文正态性检验中发现 *HARDEDI* 是截尾分布，*SOFTEDI* 近似服从正态分布，所以以下对 *HARDEDI* 的分析中采用 Tobit 回归模型，对 *SOFTEDI* 的分析采用普通多元 OLS 回归模型。建立的具体回归模型如下：

$$HARDEDI_i^* = \alpha_1 \mathrm{H}erf + \alpha_2 X_1 \times \mathrm{H}erf + \alpha_3 X_2 \times Herf + \alpha_4 CTR + \varepsilon_1$$

$$\varepsilon_1 \sim N(0, \partial^2) \quad i = 1, 2, \cdots, n$$

$$HARDEDI_i = \begin{cases} HARDEDI_i^* & HARDEDI_i^* > 0 \\ 0 & HARDEDI_i^* \leqslant 0 \end{cases} \tag{3-1}$$

$$SOFTEDI_i = \beta_1 \mathrm{H}erf + \beta_2 X_1 \times \mathrm{H}erf + \beta_3 X_2 \times Herf + \beta_4 CTR + \varepsilon_2$$

$$\varepsilon_2 \sim N(0, \partial^2) i = 1, 2, \cdots, n \tag{3-2}$$

式（3－1）和式（3－2）中 *CTR* 代表控制变量，自变量 H*erf* 的系数反映了垄断市场与竞争市场企业 *HARDEDI* 和 *SOFTEDI* 的差异；交叉变量 $X_1 \times Herf$ 和 $X_2 \times Herf$ 的回归系数分别反映了垄断市场中自变量 X_1 和 X_2 对 *HARDEDI* 和 *SOFTEDI* 的叠加效应。

（一）市场竞争和政企关联对企业环境信息披露差异的影响：产权类型的作用

表 3－3 是新《环保法》实施后，产权类型与市场竞争对 *HARDEDI* 和 *SOFTEDI* 影响的 Tobit 和 OLS 回归分析结果。其中模型（1）和模型（3）是对 *HARDEDI* 的 Tobit 分析结果；模型（2）和模型（4）是对 *SOFTEDI* 的 OLS 分析结果。模型（1）和

模型（2）是对样本整体检验，模型（3）和模型（4）是对不同产权类型调节作用的检验。模型（1）和模型（2）中变量 *Herf* 的系数代表以竞争市场企业整体水平为基准，垄断市场企业整体与之的差异。如果假设 H3. 1. 1 成立则该系数在模型（2）中应显著为负。模型（3）和模型（4）中变量 *Herf* 的系数代表以竞争市场企业为基准，垄断市场地方国企与之的差异，交叉项 *Herf*×*Ucd*1 的系数代表在垄断地方国企基础上，垄断央企对之的叠加效应，*Herf*×*Ucd*3 的系数则反映在垄断地方国企基础上，垄断民营企业对之的叠加效应。如果假设 H3. 1. 2a 成立则 *Herf*×*Ucd*1 的系数在模型（3）应显著为正；如果假设 H3. 1. 3a 成立则 *Herf*×*Ucd*1 以及 *Herf*×*Ucd*3 的系数在模型（4）均应显著为负。

表 3－3　市场竞争和产权类型对选择性环境信息披露影响的分析

变量	*HARDEDI*（1）	*SOFTEDI*（2）	*HARDEDI*（3）	*SOFTEDI*（4）
Herf	－0. 632 (1. 307)	0. 121 (0. 454)	－1. 621 (1. 489)	0. 640 (0. 586)
Herf×*Ucd*1			9. 090 ** (3. 642)	0. 848 (0. 831)
Herf×*Ucd*3			－1. 622 (1. 540)	－1. 594 ** (0. 703)
控制变量	已控制	已控制	已控制	已控制
常数项	－58. 790 *** (12. 260)	－11. 940 *** (3. 657)	－47. 230 *** (11. 220)	－8. 966 ** (3. 827)
F 值	8. 240 ***	6. 020 ***	9. 200 ***	6. 250 ***
样本量	201	201	201	201
R^2/*Pseudo* R^2	0. 058	0. 226	0. 072	0. 264

注：①括号内为稳健标准差；

②剔除当年发生了控股权变更和高管更换的企业；

③ *** 表示 p＜0. 010，** 表示 p＜0. 050。

表3－3研究结果显示，模型（1）和模型（2）中*Herf*的系数均不显著，说明在新《环保法》实施后短期内，竞争市场企业与垄断市场企业的软、硬信息披露在整体上都没有显著差异。假设H3.1.1在整体层面没有得到支持。

模型（3）和模型（4）将企业分为央企、地方国企和民营企业三类后进行对比检验，结果发现*Herf*的系数仍不显著，垄断市场中地方国企与竞争市场企业的软、硬披露没有显著差异，假设H3.1.1仍没有得到支持。模型（3）中*Herf*×*Ucd*1系数显著为正，*Herf*×*Ucd*3系数不显著，可见垄断市场央企的*HARDEDI*显著较高，垄断民营企业的*HARDEDI*与垄断地方国企没有显著差异。假设H3.1.2a得到支持。模型（4）中*Herf*×*Ucd*1系数不显著，*Herf*×*Ucd*3系数显著为负，说明垄断央企与垄断地方国企*SOFTEDI*没有显著差异，但垄断民营企业显著较低，假设H3.1.3a没有得到支持。上述分析表明新《环保法》实施后垄断市场央企的硬信息披露水平显著高于其他企业，垄断市场民营企业的软信息披露水平显著低于其他企业。

在此垄断央企在改善环境信息披露方面发挥的示范作用被证实，环境信息披露中的政府推动效应得到了验证。面对强大的环保压力，正是由于垄断市场中强大的政府推动效应在一定程度挤占了其他效应，垄断市场中对政府有着最强依赖性的垄断央企，为了迎合政府环保需求，的确在公开环境信息实质内容方面比其他企业做得更好。垄断央企由于规模大、资金和技术有保障，不仅在软信息方面而且在涉及环保的实质内容方面都愿意相对较多地对外公开信息。其实从这些央企自身角度考虑，即使他们面对外部强大的环保压力，公开环保信息可能会带来负面影响，但政府往往顾及央企的经济地位，不敢也不愿进行严厉处罚。而那些地方国有企业面对新《环保法》正式实施的强大环保压力，即使没能在环保上做实质性改进，但仍愿意通过多披露软环境信息来体现自己为环保所做过的努力。只有那些垄断民营企业，对公开环境信息问题仍持消极态度，处于观望状态。

（二）市场竞争和政企关联对企业环境信息披露差异的影响：高管身份的作用

1. 企业高管政企关联和市场竞争对国有企业选择性环境信息披露影响的对比。

本书分析了国有企业高管政企关联与市场竞争对选择性环境信息披露的影响（Tobit 和 OLS 回归分析结果见表 3 -4 中模型（1）~模型（4））。表 3 -4 中模型（1）、模型（3）是针对 *HARDEDI* 的 Tobit 分析结果，模型（2）、模型（4）是针对 *SOFTEDI* 的 OLS 分析结果。模型（1）和模型（2）从国有企业整体层面进行检验，*Herf* 的系数反映了以竞争市场国有企业为基准，垄断市场国有企业与之的差异。假设 H3. 1. 1 如果成立，模型（2）中该系数应该显著为负。模型（3）和模型（4）检验了高管政企关联对国有企业选择性环境信息披露的影响，*Herf* 的系数反映了以竞争市场国有企业为基准，垄断市场非高管政企关联国有企业与之的差异，$Herf \times Pch$ 和 $Herf \times Pcl$ 的系数分别反映了在垄断市场非高管政企关联国企基础上，垄断市场高层政企关联国企和低层政企关联国企与之的叠加效应。如果假设 H3. 1. 2b 成立，模型（3）中 $Herf \times Pch$ 的系数显著为正；如果假设 H3. 1. 3b 成立，模型（4）中 $Herf \times Pcl$ 的系数应显著为正。

表 3 -4 结果显示，模型（1）中 *Herf* 的系数不显著，说明从整体来看市场竞争程度并不显著影响国有企业硬信息披露。如前所述，这可能是由于硬环境信息涉及的内容是环境保护的核心内容，企业需要投入较多的资源和等待较长的时间才能有所改变，因此大多数企业在成本和短期利润的压力下都难以真正触及，因而在这方面不约而同地选择了“回避”。

模型（2）中 *Herf* 的系数显著为正，表明与假设 H3. 1. 1 正好相反，垄断市场国有企业较竞争市场国有企业更注重软信息披露，这可以由新法实施压力下垄断市场强大的政府推动效应解释。

模型（3）和模型（4）中 $Herf \times Pch$ 和 $Herf \times Pcl$ 的系数均不显著，表明对国有企业而言，不论企业高管个人是否有政府背景，以及不论这种政府背景是源于高层政府的还是低层政府的，都不显著影响企业软、硬信息披露行为。这可能是：一方面国有企业高管通常已经具有政府任职经历（比如政府官员兼任或转任下属企业高管）或更容易在人大等政府机构中任职，因此他们对通过增强履行环保社会责任强化政企关联的诉求不及民营企业高管强烈（当然也有可能是他们可以选择投资、改变经营战略等除环保责任之外的方式来强化政企关联）；另一方面，由于国有企业与政府存在一种天然产权依存关系，企业高管个人与各级政府是否有额外的关联关系已经显得没有那么重要了。

2. 企业高管政企关联和市场竞争对民营企业选择性环境信息披露影响的对比。

表 3 - 4 模型（5）~ 模型（8）分析了民营企业高管政企关联与市场竞争对选择性环境信息披露的影响。各系数经济含义与模型（1）~ 模型（4）类似，这里不再赘述。

检验结果显示，*Herf* 的系数在模型（5）和模型（6）中均显著为负，说明整体来看，竞争市场民营企业的软、硬信息披露水平都显著高于垄断市场。由于模型（6）中 *Herf* 系数显著为负，假设 H3. 1. 1 在民企样本中得到支持。

表 3 - 4 模型（7）中 $Herf \times Pch$ 的系数和模型（8）中 $Herf \times Pcl$ 的系数都显著为正。这说明在垄断行业，民企高管个人（大多就是企业所有者或其亲属）有高层政府背景时能显著增加硬信息披露，而有低层地方政府背景时更愿意显著提高软信息披露。因此在对民营企业的检验中假设 H3. 1. 2b 和假设 H3. 1. 3b 都得到了支持，这在一定程度上又再次印证了政府推动效应（为了更详细

表 3 - 4　　市场竞争和高管身份对选择性环境信息披露影响的分析

变量	国有企业				民营企业			
	(1)	(2)	(3)	(4)	(5)	(6)	(7)	(8)
	HARDEDI	SOFTEDI	HARDEDI	SOFTEDI	HARDEDI	SOFTEDI	HARDEDI	SOFTEDI
Herf	1. 414 (2. 039)	1. 629 *** (0. 539)	0. 417 (2. 509)	1. 550 ** (0. 604)	-3. 283 *** (1. 059)	-1. 459 ** (0. 660)	-4. 498 *** (1. 106)	-2. 147 *** (0. 734)
Herf × *Pch*			0. 044 (0. 618)	-0. 062 (0. 187)			0. 568 ** (0. 278)	0. 091 (0. 168)
Herf × *Pcl*			4. 210 (2. 576)	0. 600 (0. 592)			0. 265 (0. 808)	0. 910 ** (0. 419)
控制变量	控制	控制	控制	控制	控制	控制	控制	控制
常数项	控制	控制	控制	控制	控制	控制	控制	控制
F 值	5. 190 ***	6. 200 ***	4. 670 ***	5. 660 ***	8. 440 ***	4. 790 ***	7. 540 ***	4. 540 ***
样本数	120	120	120	120	81	81	81	81
R^2 / *Pseudo* R^2	0. 044	0. 300	0. 047	0. 306	0. 099	0. 307	0. 112	0. 347
卡方值			0. 815	1. 819			0. 729	0. 573
卡方对应 *P* 值			0. 665	0. 403			0. 695	0. 751

注：①表中括号内为稳健标准差；

②剔除当年发生了控股权变更和高管更换的企业；

③ *** 表示 $p < 0.010$，** 表示 $p < 0.050$；

④由于可能存在环境披露越充分、环境绩效越好，企业高管越有可能在政府机构内任职的情况，由此导致部分模型内生性问题，在此依据田利辉（2013）、李健（2012，2013）等前期相关研究结果，以实际税率和长短期债务结构为基础构建 PCH 和 PCL 的工具变量进行 2SLS 回归，并就模型是否存在内生性问题进行检验，卡方值为内生性检验结果。

说明前述民营企业高管个人政企关联对企业选择性环境信息披露的影响，本章第二节将单独对这部分内容展开深入分析）。

由于垄断行业具有准入高、政府管制严等特点，导致企业对政府的高度依赖性。能与高层政府建立关联的民营企业，规模一般也较大，资金实力雄厚，在当地经济中占有重要地位。因此他们有可能也有条件响应政府要求，采用先进技术改进环保状况，并积极将这些正面信息传递出来。事实上，与前面提及的央企同样道理，为了经济和社会的稳定发展，当地政府对这些企业存在一定的保护性。即使他们真释放了一些负面信息，当地政府都不愿对企业进行严厉处罚。与之不同，与低层地方政府有关联的企业，在资金规模、技术水平等方面都不及前者，难以承担进行实质性环保改善的巨大成本，加之一些基层地方政府对环境问题的态度与高层政府又不完全相同，因此这些企业更愿意选择“粉饰”软环境信息的方式。

五、新《环保法》实施前后企业环境信息披露对比：拓展性研究

首先，利用2012年的数据作参照，从整体层面对各环境指数方差比进行检验。结果发现，*HARDEDI* 的 sd（2012）/sd（2015）<1 的检验在10%水平上不显著，但对 *SOFTEDI* 的 sd（2012）/sd(2015）<1 的检验在1%水平上显著。由此可见，从整体上看，近年来 *SOFTEDI* 的差异显著增大。

需要说明的是，在此选取2012年作为新法实施前的对照原因在于：2013年中组部发布的《关于进一步规范党政领导干部在企业兼职（任职）问题的意见》，对党政领导干部到企业任/兼职作了严格限定，该文件的发布在2013～2014年掀起了官员的“辞职潮”（邓晓飞等，2016）。因此选取了中组部文件公布之前的2012年进行对比。

其次，在此按照产品市场竞争强度将企业分为竞争组（*Herf* = 0）和垄断组（*Herf* = 1），将 2012 年和 2015 年数据纵向比较，对比不同类型企业在新《环保法》正式实施前和实施后环境信息披露行为的差异。

（一）不同市场结构中产权类型对企业选择性环境信息披露的影响

表 3 – 5 按照产权性质分组检验了企业选择性环境信息披露的动态变化差异①。Panel A 是对民营企业进行分析，结果显示，除了竞争市场 *SOFTEDI* 的均值和中位数分别通过了 1% 和 5% 显著性检验（T 值为 – 2.562，Z 值为 – 2.303），以及垄断市场 *SOFTEDI* 的均值通过了 5% 水平显著性检验外，其他检验均不显著。可见，新《环保法》实施后民营企业 *HARDEDI* 并未显著改善，但 *SOFTEDI* 有了显著提高②。正如前文分析中提及，现阶段很多民企受制于资金、技术等因素，并未明显改善环保状况，不愿意提高“硬信息”披露质量，但为了应对外界新《环保法》需要公开环境信息的压力，表明自己的环保立场，获得外界的肯定，在此类情形下，企业更可能倾向于多披露软信息，粉饰自己对环保所做的努力和取得的成果。

Panel B 是对全部国有企业进行检验。结果显示，不论是垄断市场还是竞争市场，在 10% 水平上，*HARDEDI* 的均值和中位数均不显著，而 *SOFTEDI* 的均值和中位数均显著了。Panel C 是对国企中的央企单独进行对比分析，此时也发现，不论是垄断市

---

① 考虑到 2012 年和 2015 年两个年份在宏观经济、市场条件、行政绩效等方面可能会有一定的差异，本文在此利用市场化进程指数反映这些差异，并进行了相关的检验，检验结果显示这些外部市场干扰因素的影响有限。

② 尽管垄断市场 SOFTEDI 对应的 Z 值没有达到 10% 显著性水平的要求，但由于其显著性 0.117 已经接近 10%，并且结合后面的稳健性检验结果，因此可以基本认为垄断市场 SOFTEDI 有显著提高。

场还是竞争市场，*SOFTEDI* 的均值和中位数均显著。因此认为不论哪种市场结构中，不论是央企还是地方国企新《环保法》实施后都显著增加了软信息披露。此外，Panel C 的结果还显示垄断市场 *HARDEDI* 的均值和中位数也达到了要求的显著性水平。因此认为央企普遍显著提高了软信息披露，特别是在垄断市场条件下央企还显著改善了硬信息披露。

正如前文分析的，Panel C 的结果可以认为是政府推动效应的体现。央企与政府之间除了天然产权联系外，还通过人事任免在企业高管与政府官员之间建立了紧密联系，因此政府能有效地直接干预企业决策，推动企业履行环境责任。尤其在市场准入极高的石油、煤炭、钢铁等垄断行业，企业对政府依赖性更大。那些由中央政府控制的央企本身规模巨大，在资金和技术上又有优势，面对强大的环保压力，他们会真正增加环保投入，做些实质性环保工作，在硬信息方面为其他企业做出好的示范。

表 3－5　不同市场结构中产权类型对选择性环境信息披露影响的纵向数据对比分析

	实施前平均值（中位数）③	实施后平均值（中位数）③	平均值差异 T 值（diff < ）④	中位数差异 Z 值⑤	样本量⑥
Panel A 民营企业					
HARDEDI					
垄断	6.091	5.698	0.271	－0.661	44
	4.500	4.000	0.606	0.508	43
竞争	9.842	9.342	0.192	－1.629	38
	5.500	9.000	0.576	0.103	38
SOFTEDI					
垄断	2.409	5.280	－1.913**	－1.566	44
	2.000	5.000	0.030	0.117	43
竞争	3.395	5.079	－2.562***	－2.303**	38
	3.000	5.500	0.006	0.021	38

续表

	实施前平均值（中位数）③	实施后平均值（中位数）③	平均值差异 T 值（diff <）④	中位数差异 Z 值⑤	样本量⑥
Panel B 国有企业					
HARDEDI					
垄断	12.429 10.000	14.787 11.000	-1.117 0.133	-1.392 0.163	77 66
竞争	11.970 9.000	12.352 10.000	-0.196 0.422	-0.793 0.428	67 54
SOFTEDI					
垄断	4.623 4.000	6.348 6.000	-3.279*** 0.007	-3.520*** 0.000	77 66
竞争	4.119 4.000	5.074 5.000	-1.928** 0.028	-1.719* 0.086	67 54
Panel C 央企					
HARDEDI					
垄断	11.654 8.000	21.091 16.000	-2.177** 0.017	-1.855* 0.064	26 22
竞争	14.737 11.000	15.333 13.000	0134 0.447	-0.295 0.768	19 15
SOFTEDI					
垄断	4.615 4.000	6.955 7.000	-2.399*** 0.010	-2.383** 0.017	26 22
竞争	4.053 3.000	6.400 6.000	-2.355** 0.012	-2.250** 0.024	19 15

注：① *** 表示 $p<0.010$，** 表示 $p<0.050$，* 表示 $p<0.100$。

②当平均数与中位数的检验不完全一致时，理论上一般认为中位数的检验结果更准确。

③上面一行数据为平均值，下面一行数据为中位数。

④采用 T 检验检验了不同年份相应指标的平均值是否相等，标注的显著性水平是两年均值之差小于 0 的检验结果。

⑤采用 Wilcoxon 秩和检验检验了不同年份相应指标的中位数是否相等。

⑥剔除当年发生了控股权变更和高管更换的企业。

（二）不同市场结构中企业高管身份对企业选择性环境信息披露的影响

表 3－6 按照企业高管政企关联关系进行分组，对比了企业环境信息披露变化的差异。Panel A 是对高管政企关联企业进行的分析，Panel B 是对非高管政企关联企业进行的分析①。

表 3－6　不同市场结构中高管政企关联对选择性环境信息披露影响的纵向数据对比分析

	实施前平均值（中位数）③	实施后平均值（中位数）③	平均值差异 T 值（diff < ）④	中位数差异 Z 值⑤	样本量⑥
Panel A 高管政企关联企业					
HARDEDI					
垄断	10.981 8.000	13.488 10.000	－1.436 * 0.076	－2.089 ** 0.036	105 84
竞争	11.802 8.000	11.475 9.500	0.191 0.576	－1.139 0.255	96 80
SOFTEDI					
垄断	4.105 3.000	6.012 6.000	－3.989 *** 0.000	－4.137 *** 0.000	105 84
竞争	3.958 4.000	5.025 5.000	－2.566 *** 0.006	－2.423 ** 0.015	96 80
Panel *B* 非高管政企关联企业					
HARDEDI					
垄断	4.500 5.000	3.52 3.000	0.893 0.811	1.040 0.298	16 25
竞争	4.778 4.000	8.667 8.500	－1.682 * 0.054	－1.426 0.154	9 12

① 考虑到 2012 年和 2015 年两个年份在宏观经济、市场条件、行政绩效等方面可能会有一定的差异，本文在此利用市场化进程指数反映这些差异，并进行了相关的检验，检验结果显示这些外部市场干扰因素的影响有限。

续表

	实施前平均值（中位数）③	实施后平均值（中位数）③	平均值差异 T 值（diff < ）④	中位数差异 Z 值⑤	样本量⑥
SOFTEDI					
垄断	1.938 2.000	2.680 2.000	−1.320 * 0.097	−0.918 0.359	16 25
竞争	2.778 3.000	5.4167 5.500	−2.010 ** 0.029	−1.329 0.184	9 12

注：① *** 表示 $p<0.010$，** 表示 $p<0.050$，* 表示 $p<0.100$。

②上面一行数据为平均值，下面一行数据为中位数。

③采用 T 检验检验了不同年份相应指标的平均值是否相等，标注的显著性水平是两年均值之差小于 0 的检验结果。

④采用 Wilcoxon 秩和检验检验了不同年份相应指标的中位数是否相等。

⑤剔除当年发生了控股权变更和高管更换的企业。

⑥当平均数与中位数的检验不完全一致时，理论上一般认为中位数的检验结果更准确。

表 3 − 6 Panel A 的结果显示，针对两种市场 *SOFTEDI* 以及垄断市场 *HARDED* 的检验均显著。而 Panel B 中不论是哪种市场结构的 *HARDEDI* 和 *SOFTEDI* 的检验均不显著①。由此可见，新《环保法》实施后不仅存在政企关联的企业显著加强了软信息披露，甚至在垄断市场中还显著改善了硬信息披露水平，但无政企关联的企业却没有表现出显著变化。

这种现象也可以用政府推动效应解释。企业高管的政府背景强化了政企依存关系，在政府推动形成的环保压力下，有关联关系的企业会积极披露那些容易传递正面信号的软环境信息，以此响应政府对企业履行环境责任的需求。特别是在垄断市场中政企关联企业对政府依存度更高，因此他们在硬披露方面会同时有显

① 虽然有些 T 值通过了 5% 或 10% 水平的显著性检验，但是对应 Z 值均没有达到 10% 显著性水平，因此认为不显著。

著改善。与之不同，非高管政企关联企业由于缺乏足够的政府推动力在近年来没有表现出显著变化。

六、稳健性检验

为了检验上述结论的稳定性，研究还从以下几方面分别对上述分析进行了稳健性检验：

1. 分别用期初和期末总资产平均值的对数（*Sizerob*）替换 *Size*，用市场化指数的排名（*Makro*b）替换 *Mak*，将企业高管个人政企关联关系按照政府高低层级赋权，重新用 *PchROB* 和 *PclROB* 分别替换 *Pch* 和 *Pcl* 进行 Tobit 和 OLS 回归检验。赋权具体方法是：将中央政府级赋值为“3”，省级赋值为“2”，市级以下赋值为“1”，然后分别计算加权总和，得到新的高层政企关联指数（*PchROB*）和低层政企关联指数（*PclROB*）。

2. 销售增长率不仅反映了企业的经营状况，而且也反映了产品市场竞争力的发展变化趋势。销售快速增长说明产品正不断打开市场，企业步入高速发展期，反之相反。为了淡化处于垄断与竞争过渡阶段企业的影响，将市场竞争的影响作用更明确地突现出来，研究中剔除了销售增长率居于中间部分的5%的样本企业，重新对拓展研究部分进行检验。

从具体稳健性检验结果（具体结果见附录2中附表2－1～附表2－3）可见，除了拓展研究中垄断市场的民营企业 *SOFTEDI* 中位数在10%水平上通过了显著性检验外（这没有改变前文所得出的结论），其他检验结果均与前文各表结果一致。由此可见，前文研究结论具有较好稳健性。

第二节　新《中华人民共和国环境保护法》实施背景下不同市场竞争结构中民营企业高管身份对企业选择性环境信息披露的影响研究

政企关联可能在融资、税收等方面给企业带来保护效应，正是由于不具备国有企业那种自然产权属性保护，企业与政府之间建立关联关系对民营企业显得更为重要（Yang 和 Tang，2020）。因此，在缺乏天然产权保护条件下，不少民营企业经营者试图通过寻求在政协或人大等政府机构中占有一席之地，以建立与政府的关联。此外，前政府官员“下海”经商或受聘到民营企业担任高管职务的情况也时有发生。有鉴于民营企业主动通过企业高管与政府建立政企关联关系，比国有企业更具有“活跃性”，因此企业的信息披露行为更可能受企业高管身份影响（李强和冯波，2015）。考虑到国有企业中除了围绕高管个人建立的政企关联外，还存在围绕国有产权关系而建立的政企关联，而以高管个人任职背景为纽带的政企关联关系在民营企业中表现得更“纯粹”，这也更有利于直接观察企业高管身份对企业选择性环境信息披露的作用。

为了进一步说明本章第一节民营企业高管个人政企关联对企业选择性环境信息披露的影响作用，在此单独对这部分内容展开深入分析，特别是对新法实施后不同时期的污染排放、环保战略目标等敏感信息进行了系统探讨。有鉴于不少学者认为倾向性评分和双重差分法为研究环境规制等政策效应提供了良好的分析工具（田利辉和王可第，2017；闫文娟和郭树龙，2018），并且郑建明等学者在研究金融政策对企业环境信息披露行为影响时也选用了双重差分法（郑建明，2017）。本书以2012～2016年沪、深A股重污染上市民营公司为样本，利用双重差分模型和倾向评分匹配法，对比分析了在新《环保法》实施背景下，不同市场结构中企业高管身份政企关联对企业选择性环境信息披露的影响。

一、研究假设

正如前文所述，2015年1月1日新《环保法》正式实施，新法以立法形式进一步规范了企业公开环境信息的行为，新法实施后这些重污染行业的民营企业面对强大的环保压力，会增加信息披露。由此：

假设3.2.1：新《环保法》实施后企业普遍增强了环境信息披露。

企业社会责任和无良行为在很大程度上受高管个人影响，因此信息披露作为企业管理层的内生决策（Lewis，2014），容易受到高管个人任职背景的影响。在政企关联推动效应影响下，通过寻租，政府能够将社会目标转嫁给那些关联企业（Jia，2014）。这就造成有政府背景的企业与无政府背景的企业对待公开环境信息态度的差异。那些政企关联企业愿意迎合政府需求，按照政府意愿做事，进而从政府那里换得回报，因此履行环保责任可能成为企业寻租的重要手段之一（Lei和Nugent，2018）。企业通过加大环保投入，发布详细的能传递正面信号的环境责任报告来帮助官员在“晋升锦标赛”中获胜，而政府官员则可以让企业通过政府的政策资源获得超额利益（林润辉等，2015）。

如此一来，对垄断市场中有政府背景的企业而言，需要进行权衡。一方面，行业现有和潜在的进入者较少，产品难以被替代，因此企业没有足够的经济动机进行充分的信息披露，而且为了保持竞争优势和降低信息公开成本（向外界传达良好的环境信息，需要开支额外的资金用于购买环保设施和研发环保技术，同时某些低效的环保行为可能会受到相关部门的处罚以及竞争对手的“报复”），企业并不愿意过多披露信息。这体现为一种市场抑制效应。另一方面，从政企关联角度，提高环境信息披露水平有利于维护政企关系，有利于通过政府资源获得超额利益。这体现为一种政府推动效应。

两方面比较后，企业可能会发现从政府获得的超额利润，较之于增加的信息公开成本和可能失去的竞争优势并不一定“划算”。事实上政府抑制效应表明，有些资源能源性垄断企业本身具有资金资源优势，利润空间大，政府不仅不会对其污染行为进行严厉处罚，甚至往往反过来还需要依赖这些企业来推动当地经济发展。

而竞争市场企业则不同。企业掌控的资源有限，难以承担环境信息公开成本，市场竞争会带来一定的抑制效应。但当面对强大的环保压力时，企业又不得不关注环境信息的披露问题，哪怕是采用一些人为“粉饰”手段。如果加之与政府存在关联关系，在市场竞争和寻租双重推动力驱动下，理应选择积极地披露环境信息。因此有如下研究假设：

假设 3.2.2：政企关联不能明显促进垄断市场企业进行环境信息披露，但在竞争市场这种促进作用表现明显。

有鉴于假设 3.2.1 以及假设 3.2.2 的后半段，提出假设 3.2.3：

假设 3.2.3：新《环保法》实施后，政企关联进一步强化了竞争市场企业加强环境信息披露的行为。

图 3－3 总结了研究假设的逻辑框架：

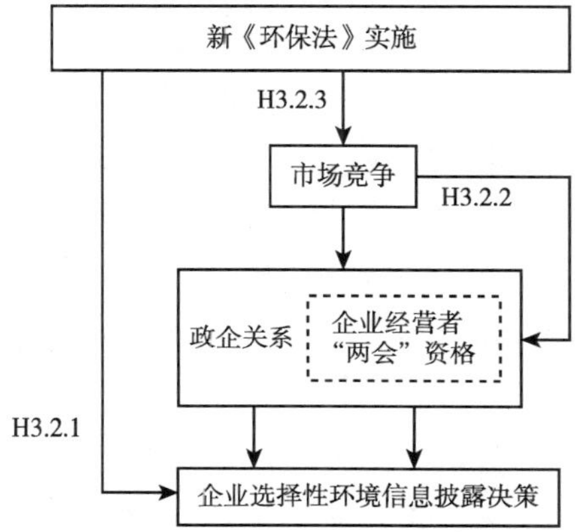

图 3－3　研究假设逻辑框架图

二、研究设计

（一）样本选择和数据来源

研究选取了 2012 年 12 月 31 日—2016 年 12 月 31 日沪、深 A 股重污染民营企业为样本。样本公司涵盖石油加工、造纸及纸制品业、橡胶和塑料制品业等 15 个行业，对应证监会行业编码为 B06、B07、B08、B09、B11、C17、C18、C19、C22、C25、C26、C28、C29、C31、C32。研究中剔除了变量数据不全的公司，最终得到 336 个有效观测值。研究中根据样本公司 2012 年①、2015 年和 2016 年年报、社会责任报告中有关环境管理信息的描述，利用内容分析法通过机器和人工收集获得环境信息数据。利用年报和百度等相关网站公开的高管任职信息，通过手工整理获得高管身份数据。研究所需财务数据来源于国泰安 CSMAR 财务数据库，市场化指数来源于王小鲁等（2017）提供的中国市场化指数报告。在统计分析中，采用了 Stata 14.0 软件。

① 选取 2012 年作为新法实施前的对照，其原因与前文所述一致。

（二）主要变量界定

1. 环境信息指数。与上节一致，依据附录 1 构建的企业环境信息指数指标体系，沿用 Clarkson（2011）内容分析法，将“环境”“污染”“排放”“减排”“废”“环保”“耗用”“消耗”“绿色”“清洁”“可持续”作为关键词，对年报和社会责任报告中描述环境责任方面的内容进行分析并赋值（赋值方法同前）。环境信息总指数（*EDI*）等于前述指标体系中各指标的赋值加总。

接下来，还单独考察了外界最为关注的环境战略规划和污染排放两个方面的内容：环境战略指数（*ES*）等于各项环境战略规划类指标①赋值汇总；污染排放指数（*EE*）等于各项污染排放类指标②赋值汇总。此外，拓展研究中还考察了新法实施后企业环境指数增长量（用变量 *EDIdif* 表示）的差异情况，*EDIdif* 等于新《环保法》实施一年后与实施当年的环境信息总指数之差。

为了检验评分者赋值结果是否可靠，采用了重测信度法对各环境指数进行了验证，由于一致性系数均大于 0.950（5% 水平上显著），故可以认为赋值结果是稳定的。

2. 双重差分模型虚拟变量。

（1）时间虚拟变量（*After*）：标志新《环保法》实施前后的虚拟变量。由于新法于 2015 年正式实施，研究变量为年度指标，

---

① 包含机构最高决策者（如 CEO 董事长）就环保发展战略的声明、描述机构对环境和社会责任方面的重要影响及相关的挑战和机遇、企业环境方针发展战略，以及环境经营的主要途径及目标四个方面内容。

② 包含“机构的活动在生物多样性方面的影响”“直接和间接温室气体排放量范畴一二三 ”“温室气体排放强度”“减少的温室气体排放量”“臭氧消耗物质 ODS 的排放”“氮氧化物、硫氧化物和其他主要气体的排放量”“污水排放总量”“废弃物总重量”“严重泄露的总次数及总量”“危险化学品管理”“噪声污染状况及控制措施”“三同时制度执行情况”等。

因此时间虚拟变量（*After*）以 2015 年为划分时点，即 2015 年（含 2015 年）之后年度 *After* 取值为 1，之前年度取值为 0。

（2）处理组虚拟变量（*Pc*）：标志企业是否存在政企关联关系的虚拟变量。首先按照民营企业核心高管人员[①]是否正在或曾在各级人大、政协以及其他政府机构和军队任职，将企业分为政企关联型企业和非政企关联型企业，当民营企业核心高管曾在或正在各级人大、政协以及其他政府机构/军队任职时，变量 *Pc* 取"1"，否则为"0"。

研究还进一步区分了关联关系的层级差异。当民营企业高管曾在或正在省级以上（包含省级）人大、政协以及其他政府机构（在军队为师级及以上职务）任职时，变量 *Hpc* 取"1"，否则 *Hpc* 为"0"；企业高管曾在或正在省级以下（不包含省级）人大、政协以及其他政府机构（在军队为师级以下职务）任职时，变量 *Lpc* 取"1"，否则 *Lpc* 为"0"。若存在省级以上和省级以下人大、政协或其他政府部门同时/曾同时任职的情况，就按照相应层级关系同时计入。

（3）市场竞争：用虚拟变量 *Herf* 反映产品市场结构差异。研究中沿用前期学者们常用的赫芬达尔指数作为衡量依据。若企业所在行业赫芬达尔指数大于当年全部重污染行业赫芬达尔指数的平均值，则认为是弱竞争行业（垄断组企业），*Herf* 取"1"，反之，认为是强竞争行业（竞争组企业），*Herf* 取"0"。

（4）环境绩效：与上节一致，研究时从外部认可（*Enev*）和企业内部经营管理（*Iso*）两个层面入手反映企业环境绩效水平的影响。变量 *Enev* 等于获得的荣誉或奖励项数加总。企业如

---

① 民营企业的董事长和实际控制人往往就是企业所有者或其家庭成员，对企业日常管理具有绝对控制权，总经理和其他企业高管由他们指定，因此认为董事长和实际控制人是民营企业高管团队的核心。

果通过了 ISO14000 系列环境认证，变量 *Iso* 取“1”，否则为“0”。

（5）其他控制变量：研究还控制了市场化程度差异（*Mak*）、企业业绩（*Roa*）、规模（*Size*）和负债比率（*Finrisk*）等因素的影响（郑建明等，2017）。各变量的计算方法如表 3 - 7。

表 3 - 7　　　　变量定义

变量名称	变量符号	变量说明
环境信息披露总指数	*EDI*	各项环境信息指标赋值汇总
环境战略指数	*ES*	各项环境战略规划类指标赋值汇总
污染排放指数	*EE*	各项污染排放类指标赋值汇总
环境指数增长量	*EDIdif*	新《环保法》实施一年后与实施当年的环境信息总指数之差
新法实施	*After*	2015 年（含 2015 年）之后年度 After 取值为 1，之前年度取值为 0
政企关联	*Pc*	企业高管曾在或正在各级人大、政协以及其他政府机构任职时，取“1”，否则为“0”
高层政企关联	*Hpc*	企业高管曾在或同时在省级以上（包含省级）人大、政协以及其他政府机构任职时，取“1”，否则为“0”
低层政企关联	*Lpc*	企业高管曾在或正在省级以下（不包含省级）人大、政协以及其他政府机构任职时，取“1”，否则为“0”
市场竞争程度	*Herf*	若所在行业的赫芬达尔指数大于整个重污染行业当年赫芬达尔指数的平均值，则取“1”，反之取“0”
公司规模	*Size*	年末资产总额的自然对数
总资产收益率	*Roa*	年末净利润/年初总资产

续表

变量名称	变量符号	变量说明
财务杠杆	*Finrisk*	年末总负债/年末总资产
市场化进程指数	*Mak*	相应年度市场化进程指数（由于市场化进程指数不是每年编制，因此如果相应年度没有披露对应年度的市场化进程指数，就选用已披露的前面年度中最近一年的市场化进程指数）
环境绩效	*Iso*	如果通过了 ISO14000 系列环境认证，取“1”，否则为“0”
	Enev	相应年度外部授予的环保荣誉和奖励项数加总

（三）实证模型

双重差分（Difference－in－Difference，DID）模型由 Ashenfelter 和 Card（1985）对一项干预研究进行评价时提出，其后在政策效果评估领域得到广泛应用。所谓双重差分，即以组别与时间双重维度的差异度量政策冲击。就本研究而言，以政企关联组作为处理组，以非政企关联组作为控制组，运用双重差分模型探究新《环保法》实施背景下，高管身份对企业环境信息披露行为的影响。

双重差分模型对于处理组、控制组的划分可能先验地存在一定的“自选择效应”，这一差别并非源于政策效用本身，却最终可能影响政策冲击分析的结果。倾向评分匹配方法（Propensity Score Matching，PSM）能够通过对样本成为“处理组”的“倾向”进行评分，为“处理组”样本匹配上得分接近的控制组样本，最大限度地缩小“处理组”“控制组”划分环节的天然几率差异，减少“自选择效应”问题（Boivie 等，2016；Smith 等，2016）。就本研究而言，企业选择与政府建立关联关系，成为“处理组”并非随机事件。为了排除政企关联公司可能存在某些共同特征的自选择偏差带来的内生性问题，在此采用倾向得分配对的方法给政企关联的公司选择配对样本，进行一对一匹配。研究中选择外部认可（*Enev*）、企业内部经营管理（*Iso*）、市场化程度差异（*Mak*）、企业业绩（*Roa*）、规模（*Size*）和负债比率（*Finrisk*）作为协变量建立政企关联的倾向性模型，按照市场结构差异分组分别采用 Logit 模型估计每家公司政企关联的倾向性得分值，为每一个政企关联公司选择倾向得分值最接近的控制组公司作为配对样本。在此基础上再进行双重差分模型回归。模型具体构造如下：

$$Y_i = \alpha_{0i} + \alpha_{1i}After + \alpha_{2i}Pc_1 + \alpha_{3i}Pc_l \times After + \sum \alpha_{4i}Control + \varepsilon_{1i}$$

$$\varepsilon_{1i} \sim N(0, \partial^2) \quad i = 1, 2, \cdots, n \qquad (3-3)$$

其中，式（3－3）Y_i为 i 公司的环境信息指数，*Pc* 和 *After* 分别为双重差分模型的处理组虚拟变量和时间虚拟变量，*Control* 为一系列控制变量。*Pc* 和 *After* 的交乘项 $Pc \times After$ 的回归系数 α_3 为倍差估计系数。若假设 H3.2.1 成立，则 *After* 的回归系数α_1应显著为正。若假设 H3.2.2 成立，则 *Pc* 的回归系数α_2在竞争市场应显著为正，在垄断市场不显著。若假设 H3.2.3 成立，则 $Pc \times After$ 的系数 α_3在竞争市场应显著为正。

三、描述性统计与分析

表 3－8 列示了主要变量的最小值、最大值、均值和标准差以及针对非政企关联组与政企关联组、新《环保法》实施前组和实施后组以及竞争市场组与垄断组的信息披露情况做的 T 检验和 Wilcoxon 秩和检验的结果。

由表 3－8 可知，*EDI*、*ES* 和 *EE* 均值分别是 15.717、1.449 和 2.060，都处于较低的水平。可见，现阶段重污染民营企业不论是环境信息整体上，还是环境战略方面，抑或是污染排放方面，披露情况都不容乐观，都有较大提高空间。*Pc* 均值为

表 3-8　　主要变量的描述性统计分析

变量	总样本					无关联 < 关联②	新《环保法》前 < 新《环保法》后③	竞争市场 > 垄断市场④	无关联 = 关联⑤	新《环保法》前 = 新《环保法》后⑥	竞争组 = 垄断组⑦
	N	最小值	均值	最大值	标准差						
EDI	336	0.000	15.717	85.000	14.008	-1.9348**	-4.982***	2.542***	-2.171**	-5.375***	1.934*
ES	336	0.000	1.449	6.000	1.213	-2.136**	-3.809***	2.006**	-2.278**	-3.778***	1.733*
EE	336	0.000	2.060	23.000	3.967	-1.496*	-1.624*	2.010**	-1.574	-3.095***	2.039**
EDIdif	119	-23.000	11.254	43.000	11.719	-0.350		-0.865	-0.218		-1.005
After	336	0.000	0.709	1.000	0.455						
Pc	336	0.000	0.446	1.000	0.498						
Hpc	336	0.000	0.372	1.000	0.484						
Lpc	336	0.000	0.363	1.000	0.481						
Herf	336	0.000	0.533	1.000	0.500						
Size	336	16.117	22.044	25.309	1.241						
Roa	336	-0.728	0.049	3.238	0.256						
Finrisk	336	0.041	0.487	10.082	0.577						

续表

变量	总样本					无关联 < 关联②	新《环保法》前 < 新《环保法》后③	竞争市场 > 垄断市场④	无关联 = 关联⑤	新《环保法》前 = 新《环保法》后⑥	竞争组 = 垄断组⑦
	N	最小值	均值	最大值	标准差						
Mak	336	0.000	7.522	9.950	1.909						
Iso	336	0.000	0.253	1.000	0.435						
Enev	336	0.000	0.339	2.000	0.561						

注：①*、**、***分别表示在10%、5%、1%水平上显著；

②使用均值T检验（Independent Samples T test）分析，所列数值为T值，对应显著性水平为无高管关联组 < 高管关联组检验结果；

③使用均值T检验（Independent Samples T test）分析，所列数值为T值，对应显著性水平为新法实施前组 < 新法实施后组检验结果；

④使用均值T检验（Independent Samples T test）分析，所列数值为T值，对应显著性水平为竞争市场组 > 垄断市场组检验结果；

⑤使用秩和均值检验（Wilcoxon Rank Sum Test）分析，所列数值为Z值，对应显著性水平为无高管关联组与高管关联组中位数相等的检验结果；

⑥使用秩和均值检验（Wilcoxon Rank Sum Test）分析，所列数值为Z值，对应显著性水平为新法实施前组与新法实施后组中位数相等的检验结果；

⑦使用秩和均值检验（Wilcoxon Rank Sum Test）分析，所列数值为Z值，对应显著性水平为竞争市场组与垄断市场组中位数相等的检验结果。

0.446，可见重污染民营企业中政企关联企业比重较高，民营企业注重与政府搭建关联关系来弥补“天然产权关系上的不足”。此外，不论是T检验还是Wilcoxon秩和检验结果均显示，从样本整体来看，政企关联、新法实施和市场竞争都会显著促进企业的环境信息披露行为（除了对*EE*的Wilcoxon检验Z值等于-1.574，没有达到10%的显著性水平外）。但是政企关联和市场竞争没有显著影响新法实施后企业的环境指数增长量*EDIdif*。

四、相关性分析

各变量之间的Pearson相关系数检验结果（见表3-9）表明，*EDI*、*ES*和*EE*呈显著正相关关系，说明三个变量在刻画信息披露行为的不同侧重点上有一致性。类似地，*Pc*、*Hpc*和*Lpc*三个变量在刻画政企关联关系的不同侧重点上也有一致性。同时各解释变量和控制变量的相关系数均不超过0.40，并且后续回归对各自变量计算的方差膨胀因子（VIF）均小于3.5，因此模型自变量不存在严重的多重共线性关系。

五、基于整体层面的分析

（一）不同市场结构中高管身份对民营企业环境信息披露影响的对比

将样本企业分为竞争市场组与垄断市场组两组，分年度检验了新法实施前后企业环境信息披露整体水平的差异。表3-10报告了双重差分回归结果。从第（1）列中可以看出，*Pc*和*After*以及两者的交叉项（*Pc*×*After*）的系数在10%的水平上均不显著，说明在新《环保法》实施当年，垄断市场企业并没有显著提高环境信息披露整体水平，并且不论企业是否存在政企关联关系此时都没有显著改变之前的信息披露策略。由此可见，政府通过关联关系转嫁环保社会目标给企业的机制在垄断市场失灵。这

表 3-9　各变量相关性分析

T变量	*EDI*	*ES*	*EE*	*After*	*Pc*	*Hpc*	*Lpc*	*Herf*	*Size*	*Roa*	*Finrisk*	*Mak*	*Iso*	*Enev*
EDI	1.000													
ES	0.467***	1.000												
EE	0.773***	0.244***	1.000											
After	0.255***	0.194***	0.090	1.000										
Pc	0.104*	0.116**	0.080	-0.078	1.000									
Hpc	0.163***	0.096*	0.147***	-0.036	0.667***	1.000								
Lpc	0.002	0.1184**	-0.093*	-0.034	0.653***	0.149***	1.000							
Herf	-0.140**	-0.111**	-0.111**	0.014	-0.121**	0.042	-0.136**	1.000						
Size	0.319***	0.274***	0.171***	0.129**	0.088	0.164***	0.071	-0.030	1.000					
Roa	-0.032	0.002	-0.027	-0.095*	-0.053	-0.021	-0.061	0.021	0.014	1.000				
Finrisk	-0.097*	-0.108**	-0.034	-0.146***	0.037	0.063	0.053	0.042	-0.198***	-0.222***	1.000			
Mak	0.125**	0.131**	-0.012	0.117**	0.078	-0.070	0.064	-0.043	-0.043	0.031	-0.090*	1.000		
Iso	0.270***	0.152***	0.140**	0.060	0.137**	0.105*	0.173***	-0.127**	0.111**	-0.004	-0.070	0.098*	1.000	
Enev	0.410***	0.175***	0.212***	0.107**	0.063	0.040	0.106**	-0.200***	0.158***	-0.029	-0.052	0.061	0.357***	1.000

注：*、**、*** 分别表示在 10%、5%、1% 水平上显著。

表 3－10　新《环保法》实施前后民营企业环境信息披露整体水平对比分析

变量	当年		一年后	
	垄断	竞争	垄断	竞争
	EDI（1）	*EDI*（2）	*EDI*（3）	*EDI*（4）
Pc	0.728 (1.978)	8.893* (5.287)	0.782 (2.162)	6.294 (5.711)
After	0.116 (1.433)	7.559** (2.917)	9.059*** (2.415)	11.03** (4.216)
Pc × *After*	4.077 (2.785)	－16.18** (6.519)	5.016 (3.767)	－7.913 (7.694)
控制变量	已控制	已控制	已控制	已控制
常数项	－43.80*** (11.84)	－52.54** (21.48)	－74.02*** (21.07)	－64.56** (27.76)
F 值	10.29***	3.87***	13.41***	12.57***
R^2	0.405	0.347	0.432	0.388
样本量	110	76	112	76

注：①*、**、*** 分别表示在 10%、5%、1% 水平上显著；

②采用 OLS 回归，并考虑了公司层面的聚类效应，括号内报告稳健标准差（Robust Standard Errors）。

在一定程度上是由于石油、矿业等垄断行业企业不仅大多在当地国民经济中占有重要地位，有些企业涉及当地主要的能源、资源等公共品供给，当地政府一般不愿意对这些企业的环保违规行为实施“关”“停”等严厉处罚，甚至在某些情况下还会为这些企业提供“保护”。即使当地政府对企业做出了一些警示性的处罚，但并不足以激发企业的高度重视。同时，李四海等（2015）也指出垄断行业现有和潜在的进入者较少。企业由于缺乏足够的经济动机，更愿意保持一种惯性思维的状态，导致大多数企业寻租能动性相对较弱，并不愿意较多披露信息。面对新《环保法》的压力，企业没有立即做出快速回应。

从第（2）列可以看出，*Pc* 和 *After* 的系数分别在 10% 和 5% 水平上显著为正，说明政企关联和新法实施两方面因素都有助于竞争市场企业环境信息的透明化。竞争市场企业面对激烈的产品竞争，利润空间较小，能支配的资源非常有限。面对外部强大的环保压力，为了避免受到政府的处罚和利益相关者的质疑，企业会立即遵循相关法律要求，提高信息披露水平。其中那些政企关联企业由于希望在融资、税收、销售等方面得到政府的"关照"，政府较容易将环保之类的社会责任通过寻租转移给企业，因此政企关联能显著推动竞争市场企业公开较多环境信息。这与刘海建等（2017）发现的"在竞争激烈的行业中，政企关系的亲社会动机更强"是一致的。正是由于竞争市场企业对环境污染之类的问题较敏感，政府易与企业达成"双向合谋"，因此他们能快速对新环境政策做出正面回应，在新法实施当年就迅速增加了环保方面信息的披露。

但是第（2）列中 *Pc* 和 *After* 交叉项的系数在 5% 水平上显著为负，表明在新《环保法》实施当年，竞争市场的政企关联企业进行环境信息披露时反而有更多保留。这与现阶段中国企业环境治理技术水平普遍不高，详细披露环境信息有较大风险的现状有一定联系。在新《环保法》实施当年，相当部分竞争市场中的政企关联企业由于自身对环境问题较敏感，面对新法实施后的巨大环保压力和执行情况的不确定性，采取了一种机会主义行为避免"鞭打快牛"。前期研究发现利益相关主体对"快牛"企业寄予了更高预期（潘奇和张群祥，2014）。基于成本和地方政府的"庇护"考虑，为了避免"鞭打快牛"，企业并不愿意主动成为信息披露"先锋"，这种顾虑导致企业没能更充分地披露环境信息，反而在这个过程中持谨慎的"观望"态度，表现得较其他企业更保守。

综合第（1）和第（2）列的结果表明，此时研究假设

H3.2.2 得到了样本数据的支持，研究假设 H3.2.3 没有得到支持，研究假设 H3.2.1 在竞争市场成立，但在垄断市场不成立。

从第（3）列和第（4）列可以看出，*After* 的系数分别在 1% 和 5% 水平上显著为正，由此可见，不论是否存在政企关联，也不论处于何种市场结构，新法实施一年后，企业都会显著提高环境信息披露整体水平，新法的作用效果经历了部分企业一段时间的“观望”后，在实施一年后明显地表现了出来。这是因为这时企业不论是处于竞争市场还是垄断市场，也不论是否存在政企关联关系，都能感到来自新法实施的强大震慑力，从而不得不提高对环保责任的重视，改善信息披露状况。此时研究假设 H3.2.1 在此得到了充分支持，而假设 H3.2.2 和假设 H3.2.3 都没有得到数据支持。

综上所述，前文所提的 3 个研究假设中，假设 H3.2.3 没有得到样本数据的支持，而假设 H3.2.1 和假设 H3.2.2 得到的支持程度依据市场结构和新政策实施时间而异。

（二）平行趋势假设的检验

在进行双重差分之前，研究中按照竞争市场和垄断市场分别从两方面进行样本数据同趋势检验：（1）将新《环保法》实施之前处理组和控制组样本的 *EDI* 进行配对 T 检验和 Wilcoxon 检验，以观察是否存在显著差异。由于政策实施之前采用的是截面数据，因此如果此时均值和中位数检验没有显著差异则可以认为是两组样本同趋势。（2）沿用罗知等（2015）方法，将 *EDI* 作为应变量，引入虚拟变量 Pc_i 以区分处理组与控制组（i 取 1，2，3 对应分别为政策实施前一年，当年和后一年），加入控制变量进行回归，观察 Pc_1 的系数是否显著异于 0，如果 Pc_1 没有显著异于 0，则可以认为是两组同趋势。样本结果表明，T 检验、Wilcoxon 检验以及 *EDI* 系数均在 5% 或 10% 水平上不显著，可见数据满足同趋势要求。

六、基于民营企业高管身份层级与披露内容的比较

（一）不同市场结构中高管身份层级差异对民营企业环境信息披露整体水平的影响

下面将在前文研究基础上，进一步检验不同层级关联关系的作用效果。研究中分别将高层政企关联公司和低层政企关联公司作为处理组，通过PSM法为其选择一对一配对样本，将式（3－3）中的*Pc*分别换成*Hpc*和*Lpc*，构建双重差分模型进行回归[①]，检验结果见表3－11。

从表3－11第（1）列中可以看出，*Hpc*和*After*以及两者的交叉项的系数在10%的水平上均不显著。第（2）列对*Lpc*的检验也有类似结果。这说明不论是基层还是高层政企关联关系，垄断市场企业在新《环保法》实施当年没有显著改变信息披露策略。这从关联层级差异角度印证了表3－10第（1）列的结果。

从第（3）列可以看出，*Hpc*和*After*的系数均在10%水平上显著为正，说明新法实施和与高层政府的政企关联都显著提高了竞争市场企业的信息披露水平。*Hpc*×*After*的系数在5%水平上显著为负，印证了表3－10第（2）列中企业避免“鞭打快牛”的机会主义倾向。

表3－11第（4）列的检验结果显示*Lpc*和*After*以及两者的交叉项（*Hpc*×*After*）的系数在10%的水平上均不显著。由此可见，不论是垄断市场还是竞争市场，低层政府的政企关联关系在新《环保法》实施当年都没有显著改变企业信息披露策略。

在区分了政企关联层级差异后发现，高层政府较基层政府更

---

① 同趋势检验方法与前文类似，仅将Pci分别换成Hpci和Lpci，结果表明数据满足同趋势要求。

表 3－11　新《环保法》实施后不同层级政企关联企业环境信息披露行为对比分析

变量	当年				一年后			
	垄断	垄断	竞争	竞争	垄断	垄断	竞争	竞争
	EDI（1）	*EDI*（2）	*EDI*（3）	*EDI*（4）	*EDI*（5）	*EDI*（6）	*EDI*（7）	*EDI*（8）
Hpc	−0.395 （2.684）		14.050* （7.577）		−0.389 （2.699）		16.860** （8.232）	
After	−0.454 （1.513）	2.784 （2.144）	4.253* （2.230）	1.425 （5.198）	8.723*** （2.410）	11.790*** （3.671）	10.01*** （3.176）	12.570** （6.030）
Hpc × *After*	4.910 （3.439）		−13.580* （7.322）		6.302 （4.148）		−6.741 （9.813）	
Lpc		3.266 （2.815）		−4.228 （4.597）		1.654 （3.203）		−5.027 （4.869）
Lpc × *After*		−2.140 （4.256）		−1.020 （5.607）		−2.745 （5.363）		−4.087 （6.429）
控制变量	已控制	已控制	已控制	已控制	已控制	已控制	已控制	已控制
常数项	−40.21*** （12.35）	−48.31*** （16.47）	−43.17* （23.15）	−53.01 （32.61）	−67.81*** （20.95）	−55.89* （30.86）	−38.35 （27.52）	−30.18 （33.39）
F 值	8.20	11.48	3.87	4.30	12.82	7.94	11.88	11.72
R^2	0.383	0.381	0.383	0.319	0.412	0.349	0.483	0.373
样本量	110	74	76	86	112	74	76	86

注：①*、**、*** 分别表示在 10%、5%、1% 水平上显著；
②采用 OLS 回归，并考虑了公司层面的聚类效应，括号内报告稳健标准差（Robust Standard Errors）。

容易通过政企关联关系成功地将环保社会目标转移给企业。与中央政府不同，除了保护环境外，地方政府职责还包括减少财政赤字，增加当地居民就业机会等，他们需要在经济增长和绿色生态中间找到平衡。政府层级越低，委托代理链越长，在对待环保的态度上越有可能与中央政府出现偏离，越有可能以“环保违法”换“经济增长”。不少地方政府仍片面追求经济利益，搞“地方保护主义”，为当地企业的环保违法行为撑起“保护伞”。总之，由于中央与地方政府自身利益倾向的差异，决定了与之存在关联关系企业寻租结果的差别。

此外，区分了产品市场竞争程度的差别后，不难发现新法实施压力在垄断市场短期内难以起到立竿见影的效果。这在一定程度上源于垄断市场企业因自身经济地位，所导致的市场和政府双重抑制效应所致。

从第（5）~第（8）列可以看出，*After* 的系数均在 1% 或 5% 水平上显著为正。由此可见，不论处于何种市场结构，也不论是与高层政府关联还是与基层政府关联，新《环保法》实施一年后大多数企业都显著增强了环境信息披露。这与表 3－10 第（3）和第（4）列的检验结果一致。

此外，第（7）列的检验结果显示 *Hpc* 的系数在 5% 水平上显著为正，说明竞争市场企业与高层政府的关联关系显著提高了信息披露水平。这再一次体现了竞争市场企业对维护政企关系和环保问题的高度敏感，以及高层政府较低层政府在环保方面更为积极的态度。

（二）不同市场结构中高管身份对环境战略和污染排放信息披露的影响

正如前文所说，由于现阶段中国企业环境治理技术滞后、成效低，环境绩效普遍不高，加之环保投入有周期长、风险大、成本高的特点，企业难以在短期内改变环保现状，企业还不能借助公开污染物排放量、环保技术等信息对外传递积极信息，而只能通过积极披露环境战略、环保目标等容易人为操纵的信息“粉饰”自己的环境责任履行情况（朱炜，2019；陈璇和钱维，2018）。有鉴于企业倾向于披露正面的和难以验证的描述性信息（比如环境战略规划），而对诸如污染排放等可能传递负面影响的信息则较少公开（沈洪涛和冯杰，2012），为了进一步说明前文检验结果，在此对人们普遍关注的污染排放以及企业易于操纵的环境战略目标两部分内容单独进行分析。分析时用 ES 和 EE 分别替代 EDI 作被解释变量，通过 PSM 法给政企关联的公司选择一对一配对样本，构建式（3－3）双重差分模型进行回归，具体检验结果见表 3－12。（同趋势检验方法与前文类似，将 *EDI* 分别换成 *ES* 和 *EE*，结果表明数据满足同趋势要求，详细过程从略）。

从表 3－12 第（1）列对 *ES* 的检验可以看出，*Pc* 和 *After* 以及 *Pc*×*After* 的系数在 10% 的水平上均不显著。第（2）列对 EE 的检验也有类似结果。这说明不论单从环境战略方面还是污染排放方面，垄断市场企业在新法实施当年都没有显著改变其披露决策。这再一次从单项环境信息角度印证了表 3－10 第（1）列的结果。

从第（3）列可以看出，*After* 的系数在 5% 水平上显著为正，说明新法实施当年竞争市场企业显著提高了环境战略披露。第（4）列对污染排放的检验结果显示，*Pc* 的系数 3.197 在 10% 的水平上显著，而 *Pc*×*After* 的系数 －4.730 在 5% 的水平上显著。可见，竞争市场条件下，虽然政企关联对企业公开污染排放数据发挥了显著促进作用，但是新法实施后短期内政企关联企业在政府抑制效应作用下却表现出了显著的机会主义倾向。表 3－12 第（3）和第（4）列的结果对表 3－10 第（2）列的结果进行了补充解释：由于竞争市场企业本身承担的财务风险较大，再难承担

表 3-12　新《环保法》实施后政企关联对企业环境战略和污染排放披露行为的影响分析

变量	当年				一年后			
	垄断	垄断	竞争	竞争	垄断	垄断	竞争	竞争
	ES（1）	*EE*（2）	*ES*（3）	*EE*（4）	*ES*（5）	*EE*（6）	*ES*（7）	*EE*（8）
Pc	0.266	0.959	0.243	3.197*	0.171	0.862	-0.0316	1.935
	(0.278)	(0.747)	(0.464)	(1.819)	(0.253)	(0.673)	(0.336)	(1.653)
After	0.250	-0.105	1.124**	0.838	0.0427	1.506**	0.248	3.172**
	(0.272)	(0.372)	(0.448)	(0.973)	(0.208)	(0.736)	(0.383)	(1.302)
$Pc \times After$	0.371	-0.723	-1.003	-4.730**	0.241	0.659	0.293	-3.338
	(0.429)	(0.901)	(0.642)	(2.181)	(0.347)	(1.244)	(0.522)	(2.280)
控制变量	已控制	已控制	已控制	已控制	已控制	已控制	已控制	已控制
常数项	-4.802**	-4.100*	-6.074**	-2.026	-4.964***	-15.69***	-6.428**	-6.561
	(1.842)	(2.185)	(2.814)	(7.132)	(1.624)	(5.489)	(2.735)	(9.496)
F 值	3.17***	1.67*	3.24***	1.45	11.95***	4.94***	2.32**	4.18***
R^2	0.173	0.167	0.266	0.165	0.249	0.191	0.220	0.185
样本量	110	110	76	76	112	112	76	76

注：①*、**、*** 分别表示在 10%、5%、1% 水平上显著；
②采用 OLS 回归，并考虑了公司层面的聚类效应，括号内报告稳健标准差（Robust Standard Errors）。

法律风险，同时又受限于资源有限的约束，因此面对新法实施的压力，大多数企业会立即选择通过增强环境战略披露来粉饰环境责任履行情况，而不是更多地公开污染排放之类难以人为操纵的信息。特别是其中那些政企关联企业在新法实施后短期内在公开污染排放数据时尤显保守。

第（5）和第（7）列的检验结果表明，*After*、*Pc* 及 *Pc* × *After* 的系数在 10% 水平上均不显著。可见，新法实施一年后企业不再显著增加环境战略规划方面的披露。从第（6）和第（8）列可以看出，*After* 的系数均在 5% 水平上显著为正，说明新法实施一年后企业普遍显著增加了污染排放披露。换句话说，面对新法引致的强大环保压力，不论是否存在政企关联关系，也不论处于何种市场结构，此时企业都不再是简单增加环境战略描述，应付了事，而是切实加强了诸如污染排放之类的重要信息披露，从实质上改善信息披露水平。这再次印证了表 3－10 第（3）和第（4）列的结论，表明新《环保法》在正式实施一年后取得了实质性成效。

七、对新《环保法》实施后环境信息披露增长量的差异分析：扩展性研究

既然新《环保法》实施一年后企业大都显著提升了环境信息披露水平，那么不同市场结构中政企关联是否会导致这种提升速度出现显著差异？研究中按照市场结构差异进行分组，将环境指数增长量（*EDIdif*）作为被解释变量，将政企关联类变量 *Pc*、*Hpc* 和 *Lpc* 作为解释变量（剔除了 2015 年和 2016 年发生政企关联属性变化的样本企业），取两个年度控制变量的平均值（对于虚拟变量 *Iso* 取新《环保法》实施当年状态的值）作为控制变量，通过 PSM 法给存在政企关联的公司选择一对一配对样本，进行 OLS 回归分析，以检验新法实施一年后较实施当年环境披

露提升速度的差异。表3－13报告了回归结果。

表3－13　新《环保法》实施后企业环境信息披露增长量对比分析

变量	垄断	垄断	竞争	竞争
	EDIdif（1）	*EDIdif*（2）	*EDIdif*（3）	*EDIdif*（4）
Pc	－0.843 （2.393）		5.302 （3.478）	
Hpc		2.246 （2.935）		4.459 （4.762）
Lpc		－5.794** （2.838）		1.370 （3.917）
控制变量	已控制	已控制	已控制	已控制
常数项	－42.92 （29.02）	－35.85 （28.91）	－38.39 （39.64）	－34.57 （44.21）
F 值	4.54***	4.65***	6.12***	5.37***
R^2	0.252	0.304	0.241	0.232
样本量	60	60	50	50

注：①*、**、***分别表示在10%、5%、1%水平上显著；

②剔除了在相应年度发生过政企关联关系变化的企业，采用OLS回归，并考虑了公司层面的聚类效应，括号内报告稳健标准差（Robust Standard Errors）。

从表3－13第（1）列中可以看出，*Pc* 的系数在10%的水平上不显著，说明整体来看，处于垄断市场的企业，在新《环保法》实施后并没有因存在与政府的关联关系而显著加快提高环境信息披露整体水平的步伐。

第（2）列的结果显示，*Hpc* 的系数在10%水平上不显著，但 *Lpc* 的系数在5%水平上显著为负，说明垄断市场企业与低层政府的关联关系使企业的环境信息增长水平显著放缓。从前面的分析中可以看到，一方面，与低层政府的关联关系在一定程度上为企业的环境污染行为提供了保护，政企关联体现为一种政府抑制效应；另一方面，垄断市场企业自身缺乏认真履行环保责任的经济动力，这体现为市场抑制性。这两方面因素共同抑制了新法实施后垄断市场低层政企关联企业提高环境信息透明度的积极性。这再次印证了垄断市场企业对履行环保责任的“惰性”以及某些低层地方政府在环保问题上的消极态度。

从第（3）列和第（4）列可以看出，*Pc*、*Hpc* 和 *Lpc* 的系数均不显著。这就表明，不论是否存在政企关联（即使区分了高层关联关系和低层关联关系），面对新法实施的压力以及中央政府治理污染的强大决心，竞争市场企业为了能在激烈的市场竞争中生存下来，都不得不正视公开环境信息的重要性，增加信息披露。

八、稳健性检验

1. 采用 Tobit 回归模型对各类环境信息披露指数进行稳健性检验。

因为一些企业的 *EDI*、*EE* 和 *ES* 取值为“0”，也就是说，研究分析中应变量呈现右偏截尾形态。为此，采用 Tobit 模型替代式（3－3）进行 PSM 检验（检验结果具体见附录 2 附表 2－4 至附表 2－6）。结果显示除了附表 2－6 对应于表 3－11 第（3）列的稳健性检验中变量 *After* 的系数没有通过 10% 显著性水平的检验外（但是对应 T 值为 1.400，还是比较接近 10% 的水平），其他结果都与前文一致，因此认为前文结果仍然比较稳健。

2. 对环境信息披露增长量进行稳健性检验。

用新法实施后环境信息披露增长量的排序值（*REDIdif*）替换环境信息披露增长量绝对值（*EDIdif*）进行配对样本 OLS 回归分析，并且对变量 *EDIdif* 进行配对样本秩回归（Rank Regression）检验（检验结果具体见附录 2 附表 2－7），其结果与前文表 3－13 结论一致，可见，前文结果比较稳健。

第三节　本章小结

企业所处产品市场竞争差异和政企关系差异是否会影响，在新《环保法》实施后企业选择性环境信息披露的行为？对这个问题的系统探讨有利于全面理解现有企业信息披露理论。本章首先结合新《环保法》颁布实施这一制度背景，利用中国重污染行业上市公司数据，从静态角度分析了不同市场竞争结构中，产权属性和企业高管身份两种政企关联关系是如何影响企业的选择性环境信息披露决策的，并横向比较了新《环保法》实施后不同企业之间选择性环境信息披露水平的差异。此外，考虑到民营企业的信息披露行为更容易受企业高管身份影响，并且观察也更直接，本书还专门就民营企业高管身份对新《环保法》实施后不同时期企业选择性环境信息披露决策变化的影响进行了纵向实证检验。研究发现：

新《环保法》实施后，垄断央企在公开软、硬信息方面都表现出“示范效应”，而其他国企则仅仅提高了软信息披露。而民营企业面对新法实施，短时间内大多处于消极的观望状态。虽然垄断性民营企业的环境信息披露水平明显低于竞争性民企，但垄断性民企高管在高层政府的任职经历能明显改善企业硬环境信息披露水平，而在低层政府的任职经历则能改善软环境信息披露水平。

面对新《环保法》实施的强大环保压力，竞争市场中政企关联民营企业短期内能普遍快速提高信息披露水平，但此时那些高管有高层政府任职经历的企业，会明显地减少公开污染排放数据，表现出保守态度。新法实施一年后不论高管任职背景如何，垄断市场和竞争市场的民营企业都提高了信息披露水平。

综上所述，面对强大环保压力，虽然政企关联和市场竞争都能在一定程度上表现出推动效应，但是政企关联和市场垄断更能相互强化彼此的推动效应，特别是垄断市场中的高层政企关联关系能推动企业环境信息披露发生实质性改善。就民营企业应对新法实施的强大冲击而言，市场竞争环境有助于快速激发政企关联的推动效应，但是高层政企关联因素会弱化这种市场竞争对政企关联的推动效应。新《环保法》实施短期内虽然不同企业应对措施有差异，但是长期来看都有着良好的预期。

第四章　政企关联与市场竞争对企业选择性环境信息披露影响的动态分析

第三章结合近年来颁布实施的新《环保法》这一宏观制度背景，从静态角度分析了不同市场竞争结构中，两个层面的政企关联关系如何影响企业的选择性环境信息披露决策。本章从微观动态角度，利用近几年重污染行业上市公司数据对比分析了不同市场竞争结构中，企业发生特定事件后，政企关联对企业选择性环境信息披露行为的影响。具体从三个角度进行了动态对比：首先，考察了发生控制权转移企业的选择性环境信息披露行为变化；其次，分析了非国有企业通过高管获得“两会”资格后企业选择性环境信息披露的变化；最后，对比研究了被媒体负面环保报道后，不同市场结构中政企关联因素如何影响企业选择性环境信息披露决策。本章研究结果从动态视角揭示了不同市场竞争环境中，政企关联因素如何影响企业对于特定微观事件的反应方式。

第一节 不同市场竞争结构中控制权转移和高管获得“两会”资格对企业选择性环境信息披露的影响

中央和各级地方政府直接或间接持有国有企业大量股份，为了更好地引入市场机制，我国政府有针对性的逐渐放开了某些行业某些企业的控股权，上市公司控制权随之也发生转移。控制权转移后企业控制人变化，其追求的效用也会变化，因此企业的选择性环境信息披露决策也可能会有所调整。

不仅如此，民营企业经营者新当选为当地或全国“人大”代表或“政协”委员后，不仅在政府制定政策时有了一定发言权，而且由于与政府建立了关联关系，也更容易得到外界关注，因此企业的选择性环境信息披露决策也可能会相应有所调整。

有鉴于不少学者认为倾向性评分、双重和三重差分法为研究事件效应提供了良好的分析工具（田利辉和王可第，2017；闫文娟和郭树龙，2018），在此以2011～2016年沪、深两市重污染上市公司为样本，利用双/三重差分法和倾向评分匹配法，从控制权转移和企业高管身份变化两个动态视角对比分析了不同市场结构中，政企关联对企业选择性环境信息披露决策的影响。

一、研究假设

企业运营过程中为了取得新的发展机会有时会发生一些股权变更行为。企业控制人变更后，新的控制人总是希望树立一个“良好”的企业形象以获得更多发展机会。由于处于重污染行业，环保问题更易受外界关注，企业很可能通过履行环境责任来达到这一目的。基于前面的市场推动效应理论，在竞争市场的

“绿色竞争优势”影响下企业愿意充分公开环境信息，但在高度垄断市场结构中，一方面企业本身对认真履行环保责任不够看重，另一方面即使有打算进一步公开信息的企业也会将公开信息的成本与可能获得的绿色竞争优势进行权衡。因此提出如下研究假设：

假设 H4.1.1：控制人变换后强竞争市场企业增强了环境信息披露水平，弱竞争（垄断）市场企业没有明显变化。

正如前文所述，企业履行社会责任在很大程度上受高管影响，因此环境信息披露作为企业高管的内生决策，容易受到高管个人任职背景的影响。

在强竞争市场纵然企业盈利空间不高，能用于履行环保责任的资源有限，但是那些民营企业高管获得“两会”资格后，所在企业更容易受到外界关注，企业及其高管也会更注意自身在公众中的形象，因此在强竞争市场中政府与市场的推动效应表现较抑制效应更明显，在两种推动效应的共同作用下，企业迫于强大的环保压力一般会选择积极的环境信息披露策略。

但在弱竞争市场政企关联企业同样也需要一个权衡：一方面，提高环境信息披露水平有利于巩固政企双向合作机制，这体现为政府推动效应；另一方面，由于缺乏足够的经济动机和不愿承担披露信息导致的专有成本，企业并不想过多披露信息，这体现为一种市场抑制效应。加之，高度垄断企业由于政府对其经济依赖性，纵然面对外界强大的环保压力和监督，仍会受到当地政府“庇护”，明显受到政府抑制效应影响，因此可以预见相当部分垄断性政企关联企业（特别是在经济欠发达地区）在两相权衡之后依然不会选择积极的环境信息披露策略。于是提出：

假设 H4.1.2：民营企业通过高管获得政企关联后，强竞争市场企业显著提高了环境信息披露水平，但弱竞争（垄断）市场企业没有发生明显变化。

图 4－1 总结了研究假设的逻辑框架：

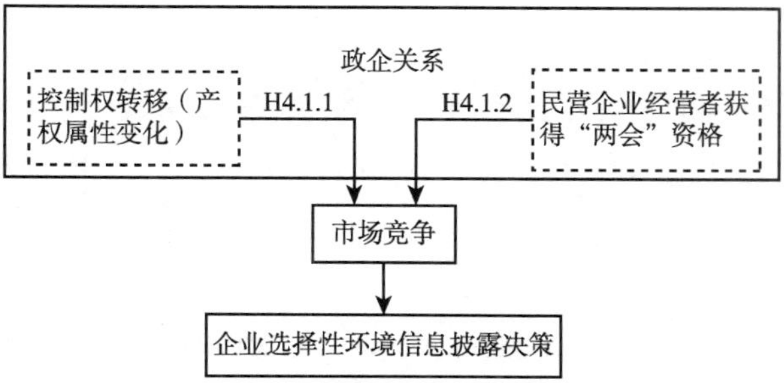

图 4－1　研究假设逻辑框架图

二、研究设计

（一）样本选择和数据来源

研究选取了 2011 年 1 月 1 日～2016 年 12 月 31 日沪、深两市重污染企业为样本。样本公司涵盖石油、化工、造纸、纺织等 15 个行业（对应证监会行业编码为 B06、B07、B08、B09、B11、C17、C18、C19、C22、C25、C26、C28、C29、C31、C32）。由于需要对比事件发生前后两年相关数据，所以实际研究数据涵盖 2009～2018 年。其中，环境信息相关数据根据样本公司相应年份的年报、社会责任报告或是招股说明书中有关描述，利用内容分析法通过机器和人工收集获得。股权变更数据和高管个人任职背景资料来自国泰安的股权变更和公司治理数据库，企业股权结构数据和财务数据来自 RESSET 股权结构和财务指标数据库。在统计分析中，采用了 Stata 14.0 软件。

逐年对比了 2011～2016 年样本企业股权变化数据，发现在此期间共有155家企业因控股权转移而发生控制权属性变化①，其中有3家存在数据缺失和39家连续两年所有权归属发生变化②。同理，逐年对比2011～2016年民营企业高管任职背景后发现，共有30家民营企业通过任命有政府任职背景的人为董事长或者现任董事长新当选为人大或政协代表委员而获得政企关联关系③。由于所有权转移和董事长身份变化的企业整体数量相对较少，所以在后续分析过程中采用了倾向评分匹配方法对样本进行了一比一配对筛选（具体配对筛选过程后续将做介绍），最终分别配对筛选出有效样本178家和56家，分别共获得有效观测值890个④和280个。

在研究企业高管身份变化的影响作用时仅选取民营企业作为研究样本，主要是由于国有企业除了围绕高管个人建立的政企关联外，还存在围绕国有产权关系而建立的政企关联，不便于直接观察前者的影响。此外，考虑到民营企业的董事长往往就是企业控制人或其亲属，包括总经理在内的其他企业高管均由他们任免，因此这里考察的是董事长个人任职经历的影响。

（二）主要变量界定

1. 环境信息指数。与前文一致，依据附录1构建的企业环境信息指数指标体系，沿用Clarkson（2011）内容分析法，将“环境”“污染”“排放”“减排”“废”“环保”“耗用”“消耗”

① 这30家民营企业在对应年份没有发生过重大股权变更。此外，在此剔除了发生行业变化的企业，考察的是最终控制人是否发生变化。

② 在此6年间分别有603家、666家、677家、693家、680家和723家企业没有发生过重大股权变化。

③ 在2009～2017年共有390家民营企业既没有发生重大股权变更和行业转变也没有发生董事长变换，同时董事长在2017年12月31日之前也没有任何政府的任职经历。

④ 如果企业在相应年度期间内发生非连续的多次产权变化，就按发生次数多次计入观测值。

“绿色”“清洁”“可持续”作为关键词，对年报、社会责任报告和招股说明书中相关内容进行分析并赋值（具体赋值方法同前）。环境信息总指数（*EDI*）等于各指标赋值加总。环境战略指数（*ES*）等于各环境战略规划类指标①赋值汇总，排放消耗（*EE*）等于各污染排放类和能源消耗类指标②赋值汇总（陈璇和钱维，2018）。

为了检验评分者赋值结果是否可靠，采用了重测信度法对各环境指标赋值进行验证，由于一致性系数在5%显著性水平上均大于0.95，故可以认为赋值结果是稳定的。

2. 差分模型虚拟变量。实验分组虚拟变量：当企业在2011—2016年发生过最终控制人变化时，变量*Group*1取“1”，否则为“0”。如果民营企业在2011～2016年通过董事长身份变化③而获得政企关联时，变量*Group*2取“1”，反之，变量*Group*2取“0”。

（1）时间虚拟变量：标志事件发生前后的虚拟变量（*After*）。控制权转移/企业高管获得“两会”资格之前的年份虚拟变量*After*取“0”，当年及之后的年份取“1”。

（2）控制权转移类型分组虚拟变量：首先按各控制权转移企业及其配对样本企业在事件发生前一年的最终控制权属性将其

---

① 包含“机构最高决策者如CEO董事长就环保发展战略的声明”“企业环境方针、发展战略以及环境经营的主要途径及目标”两个方面内容。

② 包含“机构的活动在生物多样性方面的影响”“废气排放情况”“污水排放情况”“废弃物排放情况”“严重泄露的总次数及总量”“危险化学品管理”“噪声污染状况及控制措施”“降低产品和服务环境影响的程度以及使用环境标准筛选的供应商情况”“违反环境法律法规被处重大罚款的金额以及所受非经济处罚的次数”“三同时”制度执行情况”“所用物料的情况”“机构的能源消耗量情况”“水利用情况”等内容。

③ 在此仅考察官方正式渠道建立的关联关系，而对于高管个人通过非正式渠道建立的关联关系暂不讨论。

分为国有和非国有两类。如果最终控制人是国务院国资委或各级政府国资委则为国有企业，其他情况则为非国有企业。再进一步将国有企业区分为从国有控制权转移为非国有控制权以及转移后仍然为国有控制权两类；将非国有企业进一步区分为从非国有控制权转移为国有控制权和转移后仍然为非国有控制权两类。当属于从国有控制权企业转移为非国有控制权企业或从非国有控制权企业转移为国有控制权企业时，虚拟变量 *Type* 取“1”①，否则取“0”。

3. 市场竞争。研究中沿用前期学者们常用的赫芬达尔指数作为衡量依据，首先计算出样本企业所在行业 2011 ~ 2016 年赫芬达尔指数平均值（*Herf*），然后将 *Herf* 按照中位数将样本分成强竞争市场（竞争市场）和弱竞争市场（垄断市场）两组，以此反映产品市场结构差异。

4. 控制变量。由于 ISO140001 环境认证能在一定程度上反映企业环保水平，如果通过了 ISO14000 系列认证，环境绩效变量 *Iso* 取“1”，否则为“0”。此外，研究还控制了企业经营业绩、股权结构、经营规模、偿债能力、发展能力、营运能力以及现金流状况等因素的影响作用。各变量的计算方法如表 4 -1。

表 4 -1　　变量定义

变量名称	变量符号	变量说明
环境信息披露总指数	*EDI*	各项环境信息指标赋值汇总
环境战略指数	*ES*	各项环境战略规划类指标赋值汇总
排放消耗指数	*EE*	各污染排放类和能源消耗类指标汇总

① 由于采用了 PSM 一对一匹配，匹配后的控制组企业变量 Type 也对应取“1”。

续表

<table>
<tr><th>变量名称</th><th colspan="2">变量符号</th><th>变量说明</th></tr>
<tr><td>时间分组变量</td><td colspan="2">After</td><td>事件发生当年及之后年度 After 取值为 1，之前年度取值为 0</td></tr>
<tr><td rowspan="2">实验分组变量</td><td rowspan="2">Group</td><td>Group1</td><td>当企业在 2011 ~ 2016 年发生过控制权转移时，变量 Group1 取“1”，否则为“0”</td></tr>
<tr><td>Group2</td><td>企业通过董事长身份变化而获得关联关系时，变量 Group2 取“1”，反之，如果企业董事长未在“两会”和军队以及其他政府部门有任职经历，变量 Group2 取“0”</td></tr>
<tr><td>控制权转移类型分组虚拟变量</td><td colspan="2">Type</td><td>当从国有控制权企业转变为非国有控制权企业或从非国有控制权企业转变为国有控制权企业时虚拟变量 Type 取“1”，反之，取“0”</td></tr>
<tr><td>市场竞争程度</td><td colspan="2">Herf</td><td>依据所在行业 2011 ~ 2016 年的赫芬达尔指数平均数进行分组</td></tr>
<tr><td>环境绩效</td><td colspan="2">Iso</td><td>如果通过了 ISO14000 系列环境认证，取“1”，否则为“0”</td></tr>
<tr><td>公司规模</td><td colspan="2">Size</td><td>年末资产总额的自然对数</td></tr>
<tr><td rowspan="4">经营业绩</td><td colspan="2">Qval</td><td>托宾 Q 值 =（股票市值 + 净债务）/（资产总额 − 待摊费用 − 无形资产及其他资产 − 递延税款借项）</td></tr>
<tr><td colspan="2">Accumfdps</td><td>每股公积金 =（资本公积金 + 盈余公积金）/期末总股本</td></tr>
<tr><td colspan="2">Eps</td><td>每股收益 = 归属于普通股股东的当期净利润/当期实际发行在外普通股的加权平均数</td></tr>
<tr><td colspan="2">Roa</td><td>总资产收益率 = 净利润/当期平均资产总额</td></tr>
<tr><td>偿债能力</td><td colspan="2">Currt</td><td>流动比率 = 流动资产/流动负债</td></tr>
<tr><td>发展能力</td><td colspan="2">Totassgrrt</td><td>总资产增长率 = 期末总资产/去年同期总资产 − 1</td></tr>
</table>

续表

变量名称	变量符号	变量说明
营运能力	*Totassrat*	总资产周转率 = 主营业务收入/平均资产总额
现金流情况	*Lncf*	经营现金净流量绝对值取自然对数×（经营现金净流量/经营现金净流量绝对值）
股权结构	*Owncon5*	前5大股东股权集中度 = 前5大股东持股比例之和
	Zindex	Z指数 = 第1大股东持股比例/第2大股东持股比例

（三）模型设计

双重差分以组别与时间双重维度的差异度量事件发生的冲击，由于分析中对于实验组、控制组的划分可能存在自选择效应，在此采用PSM分别给发生控制权转移和通过高管获得关联关系的企业选择配对样本，进行一对一匹配，从而最大限度地减小了自选择效应问题。

综合前期相关研究结果（李善民和曾昭灶，2003；崔学刚和荆新，2006；李维安和徐业冲，2013）选择了第一大股东持股比例、前五大股东股权集中度、Z指数、企业价值、托宾Q值、公司市净率、资产总额、每股收益、每股公积金、净资产收益率、资产净利率、流动比率、营业收入增长率、净利润增长率、净资产增长率、总资产增长率、存货周转率、应收账款周转率、总资产周转率、经营现金净流量、资产负债率21个指标，对发生重大股权变化企业与未发生重大股权变化企业做单因素方差分析和非参数中位数差异检验①，剔除了营业收入增长率、净利润增长率、存货周转率、应收账款周转率、资产负债率5个没

① 用事件发生上一年度的财务指标。

有显著差异的指标。进一步将剩余的指标做相关性分析，并将高度相关的变量作为解释变量，分别建立 Logit 模型进行逐步回归，进一步剔除了第一大股东持股比例、企业价值、公司市净率、每股收益、净资产收益率、净资产增长率几个指标。最后把剩余的指标作为协变量建立重大股权变更的倾向性模型，采用 Logit 模型按照事件发生年份逐年估计每家公司发生重大股权变更的倾向性得分值，为每一个发生重大股权变更的公司在对应年度选择产权属性相同①并且倾向得分值最接近的控制组公司作为配对样本。

类似地，就上述 21 项指标对新获得“两会”身份的民营企业与未获得“两会”身份的民营企业做单因素方差分析和非参数中位数差异检验，发现仅有第一大股东持股比例、前五大股东股权集中度、净资产收益率、资产净利率、营业收入增长率、净资产增长率、资产总额、经营现金净流量 8 个指标有显著差异。进一步做相关性分析后，发现第一大股东持股比例和前五大股东股权集中度高度相关，将这两个指标作为解释变量，建立 Logit 模型进行逐步回归，进一步剔除了第一大股东持股比例指标。最后将剩余的指标作为协变量建立民营企业获得“两会”身份的倾向性模型，采用 Logit 模型按照事件发生年份逐年估计每家民营企业获得“两会”身份的倾向性得分值，为每一个民营企业在事件发生对应年度选择获得“两会”身份的倾向得分值最接近的控制组公司作为配对样本。

附录 3 中附表 3 - 1 ~ 附表 3 - 8 提供了配对前后两组样本的独立 T 检验和中位数检验的结果。从检验结果看出，配对后两组企业的各项指标均不存在显著差异。

在此基础上按照 *Herf* 指标中位数将样本企业分为竞争市场与垄

---

① 此处按照产权转移之前最终控制人属性将企业分为国有与非国有两类。

断市场两组①，分别进行双重差分模型分析。模型具体构造如下：

$$Y_{it} = \alpha_0 + \alpha_1 After_{it} + \alpha_2 Group_i + \alpha_3 After_{it} \times Group_i + \sum \alpha_4 Control_{it} + \alpha_5 \gamma_{year} + \alpha_6 \gamma_{ind} + \varepsilon_{it} \quad (4-1)$$

其中，*Y* 为公司的环境信息指数，*Group*（根据研究可以是 *Group*1 或 *Group*2）和 *After* 分别为双重差分模型的实验组虚拟变量和时间虚拟变量，*Control* 为一系列控制变量。*Group* 和 *After* 的交乘项 *Group* × *After* 的回归系数 α_3 为倍差估计系数；γ_{year} 为事件发生年份虚拟变量；γ_{ind} 为行业固定效应（行业虚拟变量），它控制了不同行业之间的不可观测因素，ε_{it} 为随机扰动项。若假设 H4.1.1 成立，则倍差估计系数 α_3 应在强竞争市场中显著为正；若假设 H4.1.2 成立，α_3 在强竞争市场也应显著为正。

有鉴于样本数据包含控制权转移事件/企业高管获得“两会”身份事件发生前 2 年和后 2 年的相关数据，这实际是一个面板数据，加之，由描述性统计分析发现有相当部分企业并未披露环境信息，样本数据呈右偏截尾分布，于是后文对式（4－1）分别建立混合数据模型和面板数据 Tobit 模型进行分析。

三、描述性统计与分析

表 4－2 列示了主要变量的最小值、最大值、均值和标准差。由表 4－2 可知，两组样本的 *EDI*、*ES* 和 *EE* 均值分别是 14.980、2.110、4.600 和 11.750、1.550、3.950，都处于较低的水平。可见，现阶段中国重污染企业不论是环境信息整体，还是环境战略方面，抑或是能耗排放方面，披露情况都不容乐观，都有较大提高空间。此外，两组样本的 *EDI*、*ES* 和 *EE* 最小值均为“0”，样本数据呈右偏分布。

---

① 若企业所在行业赫芬达尔指数平均数大于等于全部样本企业赫芬达尔指数平均值的中位数，则认为是弱竞争市场企业，反之，认为是强竞争市场企业。

表 4-2 主要变量的描述性统计分析

变量	控制权转移						高管获得“两会”身份					
	样本数	极小值	极大值	均值	标准差	方差	样本数	极小值	极大值	均值	标准差	方差
EDI	923	0	48	14.980	9.436	89.045	275	0	47	11.750	9.594	92.048
ES	923	0	7	2.110	1.267	1.605	275	0	5	1.550	1.343	1.803
EE	923	0	25	4.600	5.000	25.002	275	0	24	3.950	4.816	23.198
Owncon5	923	0	1	0.450	0.157	0.025	278	0	1	0.550	0.184	0.034
Zindex	923	1	232	12.080	19.609	384.514	278	1	80	5.190	8.329	69.365
Qval	924	0	36	2.910	2.564	6.572	280	0	55	3.460	4.054	16.435
Eps	855	-3	4	0.190	0.523	0.273	280	-1	4	0.40	0.444	0.197
Accumfdps	924	0	14	1.660	1.493	2.229	280	0	15	2.080	2.124	4.513
Roa	924	-37	69	2.770	7.471	55.819	280	-29	93	7.320	9.237	85.330
Currt	924	0	42	2.070	3.305	10.925	280	0	64	4.810	7.926	62.827
Totassgrrt	924	-97	549	11.820	34.302	1 176.619	279	-27	48	28.090	57.324	286.071
Totassrat	924	0	4	0.600	0.406	0.165	280	0	2	0.670	0.377	0.142
Lncf	924	-23	24	11.030	15.239	232.234	280	-20	22	11.490	14.095	198.660
Size	924	19	26	21.920	1.156	1.337	280	18	24	21.180	1.045	1.092
Iso	923	0	1	0.308	0.486	0.236	280	0	1	0.380	0.486	0.236
Herf	923	0	1	0.100	0.101	0.010	280	0	1	0.100	0.108	0.012

四、控制权转移和高管身份对企业环境信息披露的影响：基于整体层面的讨论

（一）不同市场结构中控制权转移对企业环境信息披露整体水平的影响

首先检验了发生控制权转移前后2年企业环境信息披露整体质量的变化，表4－3报告了双重差分回归结果。第（1）和第（2）列是利用混合数据模型分别对竞争市场和垄断市场就式（4－1）进行检验。

表4－3　控制权转移前后企业环境信息披露整体变化的对比分析

变量	垄断	竞争	垄断	竞争
	混合数据模型	混合数据模型	面板数据Tobit模型	面板数据Tobit模型
	EDI（1）	*EDI*（2）	*EDI*（3）	*EDI*（4）
DID （*After*×*Group*1）	1.007 （1.727）	3.538 ** （1.679）	1.572 （1.066）	3.629 *** （1.263）
After	1.462 （1.614）	1.938 （1.582）	1.457 （0.944）	1.841 （1.288）
*Group*1	－0.396 （1.208）	－3.163 *** （1.163）	－0.831 （1.650）	－3.167 ** （1.416）
控制变量	已控制	已控制	已控制	已控制
事件发生年份	已控制	已控制	已控制	已控制
行业固定效应	已控制	已控制	已控制	已控制
常数项	－102.300 *** （11.040）	－48.830 *** （10.260）	－94.040 *** （13.830）	－52.740 *** （13.270）
样本量	334	320	334	320
R^2/*Loglikelihood*	0.424	0.320	－1055.669	－1025.065

注：①***、**、*分别表示双尾检验的统计显著水平为1%、5%、10%；

②括号内为稳健标准差（Robust Standard Errors）；

③VIF值均小于10，表明不存在严重的多重共线性问题。

从第（1）列中可以看出，*Group*1 和 *After* 交叉项的系数在 10% 的水平上不显著，而第（2）列中在 5% 水平上显著为正。这说明产权关系转移后强竞争市场企业显著提高了环境信息披露整体水平，弱竞争市场企业并没有明显改变之前的信息披露策略。表 4－3 第（3）和第（4）列是对式（4－1）建立面板数据 Tobit 模型进行分析，其检验结果完全类似于前面混合数据模型分析结果。由此可见，假设 H4. 1. 1 在此得到样本数据支持。正如前面分析中指出，控制权转移之后的企业面对激烈的市场竞争会努力通过提高履行环境责任水平而获得竞争优势，但由于垄断市场企业本身缺乏强烈的经济利益驱动去进行对外信息披露，尤其是其中石油、矿业等企业涉及当地主要的能源资源品供给，当地政府一般不愿意也不敢对其进行严厉处罚，因此这些企业并不重视履行环境责任。企业环境信息披露的市场推动效应和政府抑制效应被印证。

（二）不同市场结构中民企高管取得“两会”身份对企业环境信息披露整体水平的影响

同样将样本企业分为竞争市场与垄断市场两类，分别检验了民营企业高管获得“两会”身份前后 2 年企业环境信息披露整体质量的差异。表 4－4 报告了双重差分分析结果。

表 4－4　民营企业高管获得“两会”身份前后环境信息披露整体质量变化的对比分析

变量	垄断	竞争	垄断	竞争
	混合数据模型	混合数据模型	面板数据 Tobit 模型	面板数据 Tobit 模型
	EDI（1）	*EDI*（2）	*EDI*（3）	*EDI*（4）
DID（*After* × *Group*2）	0. 567 （2. 638）	6. 408 * （3. 628）	0. 315 （2. 239）	7. 072 ** （2. 988）

续表

变量	垄断	竞争	垄断	竞争
	混合数据模型	混合数据模型	面板数据 Tobit 模型	面板数据 Tobit 模型
	EDI（1）	*EDI*（2）	*EDI*（3）	*EDI*（4）
After	1.475 (2.768)	6.311** (2.783)	4.193* (2.390)	7.010** (2.930)
*Group*2	5.755** (2.443)	-2.603 (2.629)	7.360*** (2.259)	-2.287 (2.777)
控制变量	已控制	已控制	已控制	已控制
事件发生年份	已控制	已控制	已控制	已控制
行业固定效应	已控制	已控制	已控制	已控制
常数项	-25.270 (22.390)	26.060 (34.390)	4.977 (25.390)	24.260 (29.620)
样本量	100	112	100	112
R^2/*Loglikelihood*	0.636	0.535	-277.882	-351.109

注：① ***、**、* 分别表示双尾检验的统计显著水平为1%、5%、10%；
②括号内为稳健标准差（Robust Standard Errors）；
③VIF 值均小于 10 表明不存在严重的多重共线性问题。

第（1）列和第（2）列是对式（4-1）利用混合数据模型进行检验，结果显示倍差估计系数α_3分别在 10% 的水平上不显著和显著为正，说明民营企业高管获得“两会”身份后，强市场竞争因素能显著促进企业提高环境信息披露水平。

竞争市场企业面对激烈的竞争，希望得到政府的“关照”，在政府正向推动效应作用下，能较好地对政府要求的环保责任做出正面回应。这与第三章第二节对竞争市场政企关联企业分析结果形成印证，与刘海建（2015）发现的“在竞争激烈的行业中，与政府关联的亲社会动机更强”结果一致。而对弱竞争市场而言，一方面由于受市场抑制效应影响，企业并没有足够的经济动机去通过信息披露获得竞争优势；另一方面，在企业高管获得“两会”身份后，建立了政企关联关系，受政府抑制效应影响，这些民营企业更容易在环保问题上得到当地政府的保护，因此企业难有积极性去增加环保信息的披露。

表4-4第（3）和第（4）列是对式（4-1）建立面板数据Tobit模型进行分析，其检验结果也完全类似于第（1）和第（2）列混合数据模型分析结果。综上所述，样本数据支持了假设H4.1.2。企业环境信息披露中政府推动效应、市场和政府抑制效应均再次被印证。

（三）平行趋势假设的检验

前面表4-3和表4-4的检验结果有赖于平行趋势假定的成立。为了检验平行趋势假设，在模型（4-1）的基础上设定如下的回归方程：

$$Y_{it} = \beta_0 + \sum \beta_1 Period_{-t} + \sum \beta_2 Control_{it} + \beta_3 \gamma_{year} + \beta_4 \gamma_{ind} + \varepsilon_{it} \quad (4-2)$$

其中，$Period_{-t}$为一系列虚拟变量，表示事件影响的观测期间，当为事件发生前2期时，对应$Period_{-1}$，当为事件发生前1期时，对应$Period_{-2}$，其余类推，剩下变量的经济含义同式（4-1）。

表4-5是以事件发生前2期$Period_{-1}$作为比较基准，对式（4-2）进行的检验。从表4-5结果看出，不论是用混合数据模型还是固定效应的面板数据模型，$Period_{-2}$的系数均不显著，而$Period_{-3}$、$Period_{-4}$和$Period_{-5}$均显著。由此可见，事件发生前两期的环境信息披露情况没有显著差异，但是事件发生当年及后续2期均较之前有显著变化。因此可以认为在事件发生之前样本数据满足同趋势假定。

表 4-5　　　　平行趋势假定检验结果

变量	垄断	竞争	垄断	竞争
	混合数据模型	面板数据固定效应模型	混合数据模型	面板数据固定效应模型
	EDI (1)	*EDI* (2)	*EDI* (3)	*EDI* (4)
Period_2	-0.192 (0.754)	0.197 (0.376)	2.110 (1.526)	1.769 (1.226)
Period_3	2.417 *** (0.825)	2.724 *** (0.648)	2.586 * (1.516)	2.461 ** (1.220)
Period_4	2.308 *** (0.791)	3.102 *** (0.666)	4.082 ** (1.719)	3.845 ** (1.608)
Period_5	2.857 *** (0.924)	3.775 *** (0.882)	4.798 ** (1.895)	5.110 *** (1.782)
控制变量	已控制	已控制	已控制	已控制
事件发生年份	已控制	已控制	已控制	已控制
行业固定效应	已控制	已控制	已控制	已控制
常数项	-70.970 *** (6.737)	-47.040 ** (21.820)	-9.812 (17.060)	-36.740 (23.820)
样本量	922	922	273	273
R^2	0.306	0.159	0.294	0.416

注：① *** 、** 、* 分别表示双尾检验的统计显著水平为 1%、5%、10%；
②括号内为稳健标准差；
③VIF 值均小于 10 表明不存在严重的多重共线性问题。

五、控制权转移和高管身份对企业环境信息披露的影响：基于控制权转移和披露内容的分型讨论

（一）控制权转移类型对不同市场企业环境信息披露整体水平的影响

理论上从细化控制权转移类型角度来看，竞争市场中如果企业与政府存在的天然产权关联关系被阻断，政府推动效应受阻，

企业该如何选择？特别对垄断市场企业而言，由于资源垄断行业多为政府“把持”，行业准入较高，企业为了获得外界认可而继续存在下去，它又该如何选择？对于非国有企业转变为国有企业之后，由于产权上的天然联系自然能获得更多政府保护，这又对企业公开环境信息决策如何影响？有鉴于此，下面构建式（4-3）三重差分模型［Difference in Difference in Difference（DDD）］，从实证角度检验了从国有企业转变为非国有企业和从非国有企业转变为国有企业之后企业环境信息披露策略的变化。回归结果见表4-6。

$$Y_{it} = \zeta_0 + \zeta_1 After_{it} + \zeta_2 Group1_i + \zeta_3 Type_i + \zeta_4 After_{it} \times Group1_i + \zeta_5 After_{it} \times Type_i + \zeta_6 Group1_i \times Type_i + \zeta_7 After_{it} \times Group1_i \times Type_i + \sum \zeta_8 Control_{it} + \zeta_9 \gamma_{year} + \zeta_{10} \gamma_{ind} + \varepsilon_{it} \quad (4-3)$$

其中，变量 *Type* 为控制权转移类型虚拟变量，三重差分估计量 $After_{it} \times Group1_i \times Type_i$（*DDD*）是实验处理对被解释变量的影响是否显著的判别依据，其回归系数 ζ_7 是在此最关心的三重差分估计量对被解释变量的实验效果，即控制权转移与转移类型对环境信息披露的综合效应。ζ_4、ζ_5 和 ζ_6 为实验分组变量 *Group*1、时间变量 *After* 和转移类型变量 *Type* 两两联合效应，其余变量的含义与式（4-1）相同。

表4-6第（1）和第（2）列分别是对弱竞争市场和强竞争市场国有企业产权转移用混合数据模型对式（4-3）进行分析的结果，第（3）和第（4）列是利用面板数据 Tobit 模型分别对两个市场国有企业控制权转移三重差分的结果。类似地，第（5）和第（6）列分别是对弱竞争市场和强竞争市场非国有企业用混合数据分析的结果，第（7）和第（8）列是分别对两个市场非国有企业用面板数据 Tobit 模型分析的结果。从表4-6第（1）列和第（3）列中可以看出，三重差分变量的系数分别在

表 4-6　　控制权转移类型对不同市场企业环境信息披露整体质量的影响分析

变量	垄断	竞争	垄断	竞争	垄断	竞争	垄断	竞争
	国有企业	国有企业	国有企业	国有企业	非国有企业	非国有企业	非国有企业	非国有企业
	混合数据模型	混合数据模型	面板数据 Tobit 模型	面板数据 Tobit 模型	混合数据模型	混合数据模型	面板数据 Tobit 模型	面板数据 Tobit 模型
	EDI（1）	*EDI*（2）	*EDI*（3）	*EDI*（4）	*EDI*（5）	*EDI*（7）	*EDI*（6）	*EDI*（8）
DDD	10.390**	-8.955*	11.420***	-9.227**	-7.436	-7.436	-5.912	-5.912
（*After* × *Group*1 × *Type*）	(3.993)	(4.933)	(3.055)	(3.819)	(6.165)	(6.165)	(4.228)	(4.228)
After × *Group*1	0.047	9.480**	0.583	10.060***	1.833	1.833	1.815	1.815
	(2.965)	(3.711)	(1.675)	(2.613)	(2.614)	(2.614)	(1.685)	(1.685)
After × *Type*	-2.903	5.330	-2.207	5.821*	4.670	4.670	2.996	2.996
	(2.596)	(3.988)	(1.791)	(3.017)	(4.972)	(4.972)	(2.994)	(2.994)
*Group*1 × *Type*	-9.817***	5.692	-10.330**	4.830	3.570	3.570	0.740	0.740
	(3.349)	(3.678)	(4.721)	(4.136)	(6.335)	(6.335)	(6.547)	(6.547)
After	1.296	-1.061	1.123	-1.113	2.623	2.623	3.476**	3.476**
	(2.001)	(3.171)	(1.309)	(2.394)	(2.028)	(2.028)	(1.565)	(1.565)
*Group*1	-0.089	-9.058***	-0.678	-9.203***	-0.041	-0.041	-0.158	-0.158
	(2.145)	(2.739)	(2.145)	(2.904)	(1.824)	(1.824)	(2.200)	(2.200)

续表

变量	垄断	竞争	垄断	竞争	垄断	竞争	垄断	竞争
	国有企业	国有企业	国有企业	国有企业	非国有企业	非国有企业	非国有企业	非国有企业
	混合数据模型	混合数据模型	面板数据 Tobit 模型	面板数据 Tobit 模型	混合数据模型	混合数据模型	面板数据 Tobit 模型	面板数据 Tobit 模型
	EDI（1）	*EDI*（2）	*EDI*（3）	*EDI*（4）	*EDI*（5）	*EDI*（7）	*EDI*（6）	*EDI*（8）
Type	2.699 （2.433）	-5.704 * （3.210）	2.235 （2.617）	-5.222 （3.280）	3.059 （4.898）	3.059 （4.898）	4.305 （4.472）	4.305 （4.472）
控制变量	已控制	已控制	已控制	已控制	已控制	已控制	已控制	已控制
事件发生年份	已控制	已控制	已控制	已控制	已控制	已控制	已控制	已控制
行业固定效应	已控制	已控制	已控制	已控制	已控制	已控制	已控制	已控制
常数项	-75.940 *** （12.780）	-18.100 （18.920）	-78.100 *** （15.100）	-20.380 （23.460）	-82.280 *** （23.170）	-82.280 *** （23.170）	-83.490 *** （22.460）	-83.490 *** （22.460）
样本量	185	174	185	174	149	146	149	146
R^2/*Loglikelihood*	0.679	0.374	-564.201	-560.706	0.535	0.535	-450.1696	-450.170

注：① ***、**、* 分别表示双尾检验的统计显著水平为 1%、5%、10%；

②括号内为稳健标准差（Robust Standard Errors）；

③VIF 值均小于 10 表明不存在严重的多重共线性问题。

5%和1%的水平上显著为正，第（2）列和第（4）列的三重差分系数分别在10%和5%水平上显著为负，在第（5）~第（8）列对非国有企业的分析中，三重差分变量系数均不显著。也就是说，非国有企业在变更为国有企业后环境信息披露整体上没有发生显著变化，但国有企业变更为非国有企业后，企业的环境信息披露策略依据市场竞争程度差异而发生显著变化：垄断市场企业提高了环境信息的透明度，而强竞争市场企业减少了环境信息的披露。

垄断性较强的资源类企业大多为国有属性，一旦国有企业转变为非国有企业，失去了天然的产权保护，为了证明其存在的合法性和获得绿色竞争优势，企业会有强烈的履行社会责任的意愿，会提高环保信息披露水平。这与前期研究中合法性理论和利益相关者理论的观点相符。与此相反，当面对激烈的市场竞争，企业褪去了国有属性后，政府通过产权关联关系转嫁环保社会目标给企业的机制被阻断，在现阶段企业环境治理技术水平普遍不高，详细披露环境信息有较高环境风险情况下，这些企业往往会倾向于减少对外公开环保信息。

而非国有企业转变为国有企业之后，由于获得了产权属性关联，企业在融资、税收、销售等方面较之前容易得到"关照"，因此并不急于通过积极的环境战略而获得政府、银行以及产品市场等外部利益相关者的认可，况且国有产权本身就是一个"护身符"，对履行环保责任存在抑制效应，于是相当部分企业并不会关注是否改变原有环境信息披露策略。

（二）控制权转移类型对不同市场企业环境战略和排放能耗信息披露的影响

由于现阶段中国企业环境绩效普遍不高，不少企业倾向于通过多披露环境战略目标等容易操控的信息"粉饰"环境责任履行情况（朱炜，2019；陈璇和钱维，2018），而回避能源消耗、污染排放等可能传递负面影响的信息（沈洪涛和冯杰，2012）。为了进一步说明表 4－3 和表 4－6 结果，下面沿用式（4－3）的三重差分模型，用 *ES* 和 *EE* 分别替代 *EDI* 作被解释变量，检验不同控制权转移类型对环境战略信息和排放能耗信息的影响作用。表 4－7 报告的是对国有企业控制权转移影响的分析结果，表 4－8 报告的是对非国有企业控制权转移影响分析的结果。

表 4－7 对表 4－6 前 4 列的结果做了进一步印证与补充。表 4－7 的结果显示三重差分系数在第（1）～第（4）列显著为正，第（5）和第（7）列在 10% 水平上不显著，第（6）和第（8）列显著为负。也就是说，国有企业转变为非国有企业后，面对垄断性较强的市场结构，不论是环境战略方面还是能耗排放方面的描述都有显著提高，而面对竞争激烈的市场结构，企业环境战略方面的描述虽没有显著变化，但是明显地对公开能耗排放这类敏感信息有所保留。这不仅再次印证了表 4－6 结果，而且进一步说明：由于现阶段环境治理水平有限，企业又不愿进行大幅环保投入，在强竞争市场中当国有企业转变为非国有企业后，往往会减少对外公开能耗排放方面的环保信息，而保持原有环境战略的披露策略；但在严重依赖政府的垄断性行业，企业一旦失去产权保护后，不论是战略方面还是能耗排放方面，企业都会大幅增加公开力度。这当然也表明，垄断行业的企业一旦弱化了政企关联，企业很可能会从实质上提高环保责任履行质量。

类似的，表 4－8 对表 4－6 后 4 列的结果也做了进一步印证与补充。结果显示三重差分系数在各列中均不显著。也就是说，非国有企业转变为国有企业后，不论面对的是垄断性较强的市场结构还是竞争激烈的市场结构，也不论是环境战略方面还是排污能耗方面，其环保信息公开策略都没有发生显著变化。前文用国有产权的保护效应来解释了这一现象。

表 4-7　控制权转移类型对不同市场国有企业环境战略和排放能耗信息披露的影响分析

变量	垄断	垄断	垄断	垄断	竞争	竞争	竞争	竞争
	混合数据模型	混合数据模型	面板数据Tobit模型	面板数据Tobit模型	混合数据模型	混合数据模型	面板数据Tobit模型	面板数据Tobit模型
	ES（1）	*EE*（2）	*ES*（3）	*EE*（4）	*ES*（5）	*EE*（6）	*ES*（7）	*EE*（8）
DDD	1.146*	4.602**	1.442***	7.415***	0.108	-6.328**	0.142	-6.734***
（*After* × *Group*1 × *Type*）	(0.710)	(2.071)	(0.478)	(2.203)	(0.762)	(2.563)	(0.585)	(2.428)
After × *Group*1	-0.148	0.382	-0.209	0.442	0.687	6.269***	0.707*	7.212***
	(0.519)	(1.561)	(0.266)	(1.073)	(0.510)	(1.900)	(0.407)	(1.673)
After × *Type*	-0.436	-0.630	-0.417	-0.683	0.404	1.860	0.356	2.318
	(0.489)	(1.543)	(0.295)	(1.144)	(0.621)	(2.019)	(0.462)	(1.901)
*Group*1 × *Type*	-0.745	-2.662	-0.577	-6.036*	-0.720	5.654***	-0.756	5.042**
	(0.673)	(1.776)	(0.967)	(3.327)	(0.566)	(1.837)	(0.637)	(2.210)
After	0.338	0.521	0.282	0.606	-0.117	-1.538	-0.073	-2.038
	(0.411)	(1.350)	(0.212)	(0.836)	(0.451)	(1.537)	(0.378)	(1.531)
*Group*1	0.113	-0.439	0.090	-0.554	0.007	-6.912***	0.020	-7.542***
	(0.391)	(1.042)	(0.438)	(1.428)	(0.372)	(1.415)	(0.449)	(1.569)

续表

变量	垄断	垄断	垄断	垄断	竞争	竞争	竞争	竞争
	混合数据模型	混合数据模型	面板数据 Tobit 模型	面板数据 Tobit 模型	混合数据模型	混合数据模型	面板数据 Tobit 模型	面板数据 Tobit 模型
	ES（1）	*EE*（2）	*ES*（3）	*EE*（4）	*ES*（5）	*EE*（6）	*ES*（7）	*EE*（8）
Type	0.518	-1.498	0.362	-1.140	0.195	-4.850***	0.211	-4.793***
	(0.434)	(1.088)	(0.543)	(1.730)	(0.471)	(1.631)	(0.503)	(1.730)
控制变量	已控制	已控制	已控制	已控制	已控制	已控制	已控制	已控制
事件发生年份	已控制	已控制	已控制	已控制	已控制	已控制	已控制	已控制
行业固定效应	已控制	已控制	已控制	已控制	已控制	已控制	已控制	已控制
常数项	-4.559*	-31.110***	-7.285**	-33.070***	0.465	-10.440	1.315	-15.080
	(2.310)	(7.358)	(3.084)	(10.300)	(3.176)	(9.345)	(3.576)	(12.720)
样本量	185	185	185	185	174	174	174	174
R^2/*Loglikelihood*	0.339	0.631	-220.017	-414.241	0.319	0.401	-229.644	-412.455

注：①***、**、*分别表示双尾检验的统计显著水平为1%、5%、10%；
②括号内为稳健标准差（Robust Standard Errors）；
③VIF值均小于10表明不存在严重的多重共线性问题。

表 4 - 8　　控制权转移类型对不同市场非国有企业环境战略和排放能耗信息披露的影响分析

变量	垄断	垄断	垄断	垄断	竞争	竞争	竞争	竞争
	混合数据模型	混合数据模型	面板数据 Tobit 模型	面板数据 Tobit 模型	混合数据模型	混合数据模型	面板数据 Tobit 模型	面板数据 Tobit 模型
	ES（1）	*EE*（2）	*ES*（3）	*EE*（4）	*ES*（5）	*EE*（6）	*ES*（7）	*EE*（8）
DDD	-1.350	-5.130	-1.033	-4.375	-1.350	-5.130	-1.033	-4.375
（*After* × *Group*1 × *Type*）	(0.835)	(3.228)	(0.718)	(2.722)	(0.835)	(3.228)	(0.718)	(2.722)
After × *Group*1	0.173	1.145	0.073	0.347	0.173	1.145	0.073	0.347
	(0.382)	(1.475)	(0.288)	(1.130)	(0.382)	(1.475)	(0.288)	(1.130)
After × *Type*	0.730	2.952	0.460	2.136	0.730	2.952	0.460	2.136
	(0.590)	(2.369)	(0.513)	(1.986)	(0.590)	(2.369)	(0.513)	(1.986)
*Group*1 × *Type*	1.783**	0.749	1.513**	-0.546	1.783**	0.749	1.513**	-0.546
	(0.842)	(3.245)	(0.748)	(4.106)	(0.842)	(3.245)	(0.748)	(4.106)
After	0.194	1.577	0.358	2.278**	0.194	1.577	0.358	2.278**
	(0.288)	(1.072)	(0.260)	(1.090)	(0.288)	(1.072)	(0.260)	(1.090)
*Group*1	-0.320	0.779	-0.253	1.235	-0.320	0.779	-0.253	1.235
	(0.311)	(0.964)	(0.250)	(1.389)	(0.311)	(0.964)	(0.250)	(1.389)

续表

变量	垄断	垄断	垄断	垄断	竞争	竞争	竞争	竞争
	混合数据模型	混合数据模型	面板数据 Tobit 模型	面板数据 Tobit 模型	混合数据模型	混合数据模型	面板数据 Tobit 模型	面板数据 Tobit 模型
	ES（1）	*EE*（2）	*ES*（3）	*EE*（4）	*ES*（5）	*EE*（6）	*ES*（7）	*EE*（8）
Type	-0.170 （0.649）	1.573 （2.295）	-0.006 （0.508）	1.798 （2.822）	-0.170 （0.649）	1.573 （2.295）	-0.006 （0.508）	1.798 （2.822）
控制变量	已控制	已控制	已控制	已控制	已控制	已控制	已控制	已控制
事件发生年份	已控制	已控制	已控制	已控制	已控制	已控制	已控制	已控制
行业固定效应	已控制	已控制	已控制	已控制	已控制	已控制	已控制	已控制
常数项	-4.003 （3.092）	-31.060** （12.920）	-4.228 （2.877）	-48.000 （455.500）	-4.003 （3.092）	-31.060** （12.920）	-4.228 （2.877）	-48.000 （455.500）
样本量	149	149	149	149	146	146	146	146
R^2/*Loglikelihood*	0.405	0.436	-171.939	-309.277	0.405	0.436	-171.939	-309.277

注：①***、**、*分别表示双尾检验的统计显著水平为1%、5%、10%；
②括号内为稳健标准差（Robust Standard Errors）；
③VIF 值均小于 10 表明不存在严重的多重共线性问题。

（三）民营企业高管身份变化对不同市场企业环境战略和排放能耗信息披露的影响

在表4－4基础上沿用式（4－1）的双重差分模型，用*ES*和*EE*分别替代*EDI*作被解释变量，进一步说明不同市场结构中民营企业高管身份变化对环境战略信息和能耗排放信息的影响作用，表4－9报告了检验结果。其中，前4列是利用混合数据模型分别对弱竞争市场和强竞争市场进行的分析，后4列是利用面板数据Tobit模型对弱竞争市场和强竞争市场进行的分析。

表4－9的结果表明，除了第（4）和第（8）列时间差分变量和实验差分变量的交叉项系数显著为正外，其余的两者交叉项系数均不显著。也就是说，高管获得“两会”身份后，强竞争市场的企业增加了能耗排放方面的披露，而垄断市场的企业并没有显著改变披露策略。这对表4－4的结果作了补充说明——强竞争市场中企业不再是简单增加环境战略描述，或停留在人为“粉饰”环境责任的层面，而是切实加强了诸如污染排放之类的重要信息披露，从实质上改善环境信息披露水平。这再一次印证了竞争市场企业对污染排放和能源消耗问题的高度敏感。由于竞争市场企业竞争激烈，企业希望得到政府的认可与支持，政府的正向推动效应较容易体现在关联企业上，面对政府提出的环保要求，刚获得“两会”身份的民营企业会选择较好去落实执行。但是对弱竞争市场而言，企业一方面没有足够的经济动机去增加信息披露，另一方面在环保责任履行中可能还会受到政府的抑制效应的保护，因此不论是环境战略信息还是排放能耗信息，企业没有诉求去改变原有的公开策略。事实上由于一些垄断性行业市场准入严格，除了董事长个人任职背景形成的政企关联关系外，不少企业存在比如个人朋友圈、亲属关系等其他形式的关联关系，因此企业和政府的关联早已客观存在，此时董事长个人新获得“两会”身份所产生的冲击力可能已经提前释放得到了缓冲，所以此时没有出现明显变化。

表 4 - 9　民营企业高管身份变化对环境战略和排放能耗信息披露的影响分析

变量	垄断	垄断	竞争	竞争	垄断	垄断	竞争	竞争
	混合数据模型	混合数据模型	混合数据模型	混合数据模型	面板数据 Tobit 模型	面板数据 Tobit 模型	面板数据 Tobit 模型	面板数据 Tobit 模型
	ES（1）	*EE*（2）	*ES*（3）	*EE*（4）	*ES*（5）	*EE*（6）	*ES*（7）	*EE*（8）
DID	-0.004	0.465	0.652	3.697*	-0.261	-0.203	0.593	4.493**
(*After* × *Group2*)	(0.489)	(1.200)	(0.509)	(2.047)	(0.417)	(1.241)	(0.381)	(1.831)
After	0.333	-0.335	0.954**	2.351	0.783*	1.166	1.022**	3.035
	(0.466)	(1.222)	(0.401)	(1.629)	(0.435)	(1.257)	(0.415)	(1.901)
Group2	0.943*	1.111	0.054	-0.904	1.466***	3.282**	0.113	-0.706
	(0.500)	(1.033)	(0.335)	(1.654)	(0.465)	(1.349)	(0.402)	(1.890)
控制变量	已控制	已控制	已控制	已控制	已控制	已控制	已控制	已控制
事件发生年份	已控制	已控制	已控制	已控制	已控制	已控制	已控制	已控制
行业固定效应	已控制	已控制	已控制	已控制	已控制	已控制	已控制	已控制
常数项	-4.811	-4.556	0.398	10.464	-0.180	11.06	-2.093	11.393
	(4.224)	(10.550)	(4.625)	(17.869)	(4.602)	(13.783)	(4.429)	(19.279)
样本量	100	100	112	112	100	100	112	112
R^2 / *Loglikelihood*	0.596	0.466	0.391	0.421	-102.963	-175.248	-130.107	-260.384

注：①***、**、*分别表示双尾检验的统计显著水平为1%、5%、10%；
②括号内为稳健标准差（Robust Standard Errors）；
③VIF 值均小于 10 表明不存在严重的多重共线性问题。

六、稳健性检验

首先，利用面板数据固定效应模型对上述结果进行双重/三重差分分析，具体结果见附录2附表2-8至附表2-10（由于多重共线性的问题，实验分组变量没能进入双重差分分析，两个实验分组变量*Group*1和*Type*以及两者的交叉项未能进入三重差分分析）。面板数据固定效应模型分析结果显示，检验结果与前面类似，因此认为前面的检验结果具有较好的稳健性。

其次，进行安慰剂检验。如果上述企业环境披露行为的改变是由产权关系转移和董事长获得“两会”身份所致，那么人为变更控制权转移和董事长获得“两会”资格的时间，双重差分/三重差分模型的估计结果将不再成立。为此，我们参照肖浩和孔爱国（2014）的做法，将控制权关系转移和董事长获得“两会”资格时间向前调整一期，再重新估计前述双重/三重差分模型，结果见附录2附表2-11至附表2-13。此时，各双重和三重差分因素与各被解释变量的回归系数在10%的置信区间内均不再显著，由此说明前文所述企业环境披露行为的改变是由控制权关系转移和董事长获得“两会”资格所致。这也在一定程度上说明，前面的检验结果具有较好的稳健性。

第二节　负面环保报道后不同市场结构中政企关联对企业选择性环境信息披露的影响

李普曼提出“新闻媒介决定了我们对这个世界的认知地图”。McCombs（1972）发展出了“议程设置”来描述新闻媒介影响社会的方式，认为公众对重要问题的认识和判断与新闻媒介的报道之间存在着高度一致性。媒体报道对经济生活的影响越来越大，它常被看成是独立于立法、行政和司法之外的“第四权”。

前期研究表明，虽然媒体正面报道不能显著影响企业的环保责任行为，但是媒体负面报道能显著影响企业履行环保责任（Luo，2019）。王波等（2017）研究结果表明：媒体关注和市场化进程均对企业社会责任履行产生显著的正向影响，并且媒体关注和市场化进程对企业社会责任履行的影响存在互补效应。王翊和许晓卉（2018）发现媒体的负面报道、媒体的深度报道对公司社会责任履行有正向的显著影响；媒体报道总数、简要报道对公司社会责任履行的影响不显著。李培功和沈艺峰（2010）研究发现，深度报道和增加媒体曝光次数均能显著提高企业改正违规行为的概率。王帆（2016）从信息质量角度研究发现，企业的社会责任负面报道显著地提高了会计信息质量，当负面社会责任报道严重时，企业会显著降低任何形式的盈余操纵。公开环境责任信息作为企业履行环保责任的一部分，自然也受到媒体报道的影响。那么一旦媒体曝光了企业的环保问题，企业如何通过调整选择性环境信息披露策略来获得外界理解与支持？然而前期研究中结合政企关系和市场竞争两方面因素对这个问题的系统研究仍较为少见。

由于现阶段中国企业环境绩效普遍不高，不少企业倾向于通过多披露环境战略等容易操控的信息“粉饰”环境责任履行情况，而回避能源消耗、污染排放等可能传递负面影响的信息。这样就还有一个更深层次的问题：环境信息不同部分的披露策略是否会因媒体曝光、政企关系和市场竞争因素而有所差异？

在此以 2011 ~ 2017 年沪、深两市重污染上市公司为样本，利用三重差分法，围绕负面环保报道结合市场竞争与政企关联因素，对比分析了不同市场结构中，政企关联对被报道企业选择性环境信息披露行为的影响。

一、研究假设

在媒体关注方面，王波等（2017）、王翊和许晓卉（2018）的研究结果均表明媒体的负面报道对公司社会责任履行有正向的显著影响。市场推动效应表明，在竞争市场的“绿色竞争优势”影响下，企业如果因为没有很好地履行环保责任而被媒体曝光后，总是希望树立一个“良好”的企业形象以获得生存空间和发展机会。尤其是在政府推动效应影响下，那些与政府存在关联关系的企业，面对激烈的市场竞争，为了维护好政企关系继续获得政府支持，会更加详细披露相关信息，以展示自己已为履行环保责任做了哪些工作。因此基于产权关系和企业高管个人身份两个层面的政企关联关系，分别提出研究假设 H4. 2. 1a 和假设 H4. 2. 1b：

假设 H4. 2. 1a：竞争市场国有企业在负面环保曝光后会显著提高环境信息披露水平。

假设 H4. 2. 1b：竞争市场高管政企关联企业在负面环保曝光后会显著提高环境信息披露水平。

然而，在垄断市场结构中，受市场抑制效应影响，企业本身对认真履行环保责任不够重视，对媒体报道的环保问题进行整改和增加公开环保信息都会增加企业现有成本。纵然增加披露环境信息，可能会有助于改变负面报道后的企业形象，但是企业这时需要将公开信息的成本与可能获得的收益进行权衡。加之，垄断市场中一些地方政府带来的抑制效应作用明显，那些存在政企关联的企业更可能得到当地政府的“庇护”（罗喜英，2019）而不是被敦促改进。因此当面对媒体负面报道时，这些企业不一定会对曝光的环保问题及时进行实质性整改，更可能对环保问题采取“回避”态度。因此基于产权关系和企业高管个人身份两个层面的政企关联关系，分别提出研究假设 H4. 2. 2a 和假设 H4. 2. 2b：

假设 H4. 2. 2a：负面环保曝光后垄断市场国有企业会显著降低环境信息披露水平。

假设 H4. 2. 2b：负面环保曝光后垄断市场高管政企关联企业会显著降低环境信息披露水平。

图 4－2 总结了上述研究假设的逻辑框架：

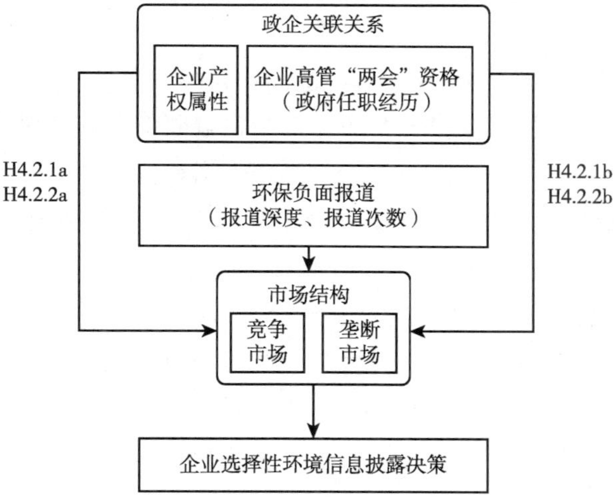

图 4－2　研究假设逻辑框架图

二、研究设计

（一）样本选择和数据来源

研究选取了 2011 年 1 月 1 日—2017 年 12 月 31 日沪、深两市重污染企业为样本[①]。样本公司涵盖石油、化工、造纸、纺织等 15 个重污染行业（对应证监会行业编码为 B06、B07、B08、

① 考虑到 2015 年 1 月 1 日新《环保法》正式实施，最初时可能会导致各类企业当年选择性环境信息披露决策较大差异，因此剔除了 2015 年发生负面环保报道的样本企业；同时考虑到实证检验要用到发生负面报道后续 1 年的选择性环境信息披露数据，所以样本中也剔除了 2014 年发生了负面环保报道的企业。

B09、B11、C17、C18、C19、C22、C25、C26、C28、C29、C31、C32）。其中，负面环保新闻报道数据来自于国泰安事件研究新闻资讯信息表数据库，由人工根据新闻内容进行筛选获得。环境信息相关数据根据样本公司相应年份的年报、社会责任报告或是招股说明书中有关描述，利用内容分析法通过机器和人工收集获得。企业高管个人任职背景资料和企业股权结构数据均来自于国泰安的公司治理数据库，企业财务数据来自 RESSET 财务指标数据库。在统计分析中，采用了 Stata 14.0 软件。

在数据考察窗口期共从数据库中提取到 100 条负面环保新闻报道，涉及 92 家企业。进一步对这 92 家媒体负面报道公司所属报道年份、上市板块和行业进行了控制组样本的匹配筛选[①]。匹配后的控制组与处理组共包含 194 家样本公司的 776 个观测值，其中有 3 家公司由于在媒体报道时上市不足 2 年和报道后 1 年内退市，导致存在缺失数据（后续分析会用到负面报道前 2 年至后 1 年数据），有 38 家公司由于在观察窗口期发生过董事长更换[②]或控制权变化，为了控制上述因素对企业决策行为的影响，在研究中对前述情形均予以了剔除，最终获得 624 个有效观测值。

（二）主要变量界定

环境信息指数。与前文一致，依据附录 1 构建的企业环境信息指数指标体系，沿用 Clarkson（2011）内容分析法，将“环境”“污染”“排放”“减排”“废”“环保”“耗用”“消耗”“绿色”“清洁”“可持续”作为关键词，对年报、社会责任报告和招股说明书中相关内容进行分析并赋值（具体赋值方法同前）。环境信息总指数（*EDI*）等于各指标赋值加总。环境战略

① 控制样本包含了所属年份、板块和行业与 92 家媒体负面报道企业一致的所有上市公司。

② 考虑到董事长是企业管理团队的核心，这里重点考察的是董事长个人任职经历。

指数（*ES*）等于各环境战略规划类指标①赋值汇总。排放消耗指数（*EE*）等于各污染排放和能源消耗类指标②赋值汇总（陈璇和钱维，2018）。

为了检验评分者赋值结果是否可靠，采用了重测信度法对各环境指标赋值进行验证，由于一致性系数在10%显著性水平上均大于0.95，故可以认为赋值结果是稳定的。

时间虚拟变量。标志事件发生前后的虚拟变量（*After*），媒体负面报道之前的年份虚拟变量 *After* 取“0”，发生当年以及之后的年份取“1”。

处理变量。当企业在2011～2017年③存在环保方面的负面报道时，变量 *Group* 取“1”，否则为“0”。为了进一步考察媒体报道的深度和报道次数的影响，研究中还设计了变量 *Deep* 和 *Freq*，具体衡量方法见表4－10。

政企关联变量。首先从企业最终控制人性质角度衡量企业产权属性的特征，将企业划分为国有企业和非国有企业。其次，研究还从企业高管曾在或同时在各级人大、政协、其他政府机构（包含军队）任职角度衡量了政企关联④。最后，为了衡量不同层级政企关联对企业的影响，研究中将在省级/师级以上（不包

① 包含“机构最高决策者如CEO董事长就环保发展战略的声明”“企业环境方针、发展战略以及环境经营的主要途径及目标”两个方面内容。

② 包含“机构的活动在生物多样性方面的影响”“废气排放情况”“污水排放情况”“废弃物排放情况”“严重泄露的总次数及总量”“危险化学品管理”“噪声污染状况及控制措施”“降低产品和服务环境影响的程度以及使用环境标准筛选的供应商情况”“违反环境法律法规被处重大罚款的金额以及所受非经济处罚的次数”“三同时制度执行情况”“所用物料的情况”“机构的能源消耗量情况”和“水利用情况”的内容。

③ 由于考虑到2015年新《环保法》实施可能会影响企业选择性环境信息披露决策，因此剔除了2014年和2015年存在负面环保报道的样本企业。

④ 在此仅考察官方正式公开渠道建立的关联关系，对于高管个人通过非正式渠道建立的关联关系暂不讨论。

含省/师级）相关政府机构任职经历作为高层政企关联。

市场竞争。研究中沿用前期学者们常用的赫芬达尔指数作为衡量依据，先计算出样本企业所在行业 2011～2016 年赫芬达尔指数平均值（*Herf*），然后将 *Herf* 按照中位数将样本分成强竞争市场（竞争）和弱竞争市场（垄断）两组，以此反映产品市场结构差异。

控制变量。与前文处理方法一致，如果通过了 ISO14000 系列认证，环境绩效变量 *Iso* 取“1”，否则为“0”。此外，研究还控制了企业经营规模、经营业绩、偿债能力、上市时间等因素的影响作用（详见表 4－10）。

表 4－10　　　　变量定义

变量名称	变量符号	变量说明
环境信息披露总指数	*EDI*	各项环境信息指标赋值汇总
环境战略指数	*ES*	各项环境战略规划类指标赋值汇总
排放消耗指数	*EE*	各项污染排放和能源消耗类指标赋值汇总
时间分组变量	*After*	事件发生年度之后 *After* 取值为 1，之前年度取值为 0
处理变量（负面环保报道）	*Group*	当企业在相应年度发生过媒体对其进行负面环境报道时，变量 *Group* 取“1”，否则为“0”
	Deep	当企业在相应年度发生过媒体对其进行全面①和/或跟踪负面环境报道时，变量 *Group* 取“1”，否则为“0”
	Freq	媒体对企业在相应年度围绕某环保事件进行负面报道和跟踪报道的总次数之和

① 全面报道是指报道中提供了环保事件发生的时间、地点、涉事的相关单位或个人以及事件具体过程信息的新闻报道。

续表

变量名称	变量符号	变量说明
政企关联	*Uctype*	当企业最终控制人为国务院国资委或地方各级国资委时，变量 *Uctype* 等于“1”，反之则为“0”
	Pctdm	企业董事长曾在或同时在各级人大、政协以及其他政府机构任职时，变量 *Pctdm* 取“1”，反之，取“0”
	Pchdm	企业董事长曾在或同时在省级以上（不包含省级）人大、政协以及其他政府机构任职时，变量 *Pchdm* 取“1”，反之，取“0”
市场竞争程度	*Herf*	若企业所在行业相应年度赫芬达尔指数平均数大于等于全部样本企业相应年度赫芬达尔指数平均值的中位数，则认为是弱竞争市场企业，反之，认为是强竞争市场企业
环境绩效	*Iso*	如果通过了 ISO14000 系列环境认证，取“1”，否则为“0”
公司规模	*Size*	相应年度年末资产总额的自然对数
经营业绩	*Roa*	相应年度总资产收益率 = 净利润/年末资产总额
偿债能力	*Currt*	相应年度流动比率 = 年末流动资产/年末流动负债
上市时间	*Listtime*	截至相应年度企业已经上市时间
市场化程度	*Mak*	2011 ~ 2016 年度市场化进程指数平均数
特别处理	*St*	相应年度企业为特别处理（ST）企业时，变量 *St* 取“1”，否则为“0”

（三）模型设计

从实证角度构建三重差分模型，检验媒体负面环境报道后，不同市场竞争结构中，在政企关联关系影响下企业环境信息披露策略的变化。模型具体构造如下：

$$
\begin{aligned}
Y_{it} = {} & \zeta_0 + \zeta_1 After_{it} + \zeta_2 Treat_i + \zeta_3 Pc_i + \zeta_4 After_{it} \times Treat_i \\
& + \zeta_5 After_{it} \times Pc_i + \zeta_6 Treat_i \times Pc_i + \zeta_7 After_{it} \times Treat_i \\
& \times Pc_i + \sum \zeta_8 Control_{it} + \zeta_9 \gamma_{year} + \varepsilon_{it} \qquad (4-4)
\end{aligned}
$$

其中，*Y* 为公司的环境信息指数（根据研究需要可以分别是 *EDI*，*ES* 和 *EE*），处理变量 *Treat* 根据具体分析过程可以分别代表变量 *Group*、*Deep* 和 *Freq*。变量 *Pc* 为政企关联变量，根据具体分析过程可以分别表示变量 *Uctype*、*Pctdm*、*Pchdm*。三重差分估计量 $After_{it} \times Treat_i \times Pc_i$（*DDD*）是实验处理对被解释变量的影响是否显著的判别依据，其回归系数 ζ_7 是在此最关心的三重差分估计量对被解释变量的实验效果，即媒体报道和政企关联对环境信息披露水平的综合效应。ζ_4、ζ_5 和 ζ_6 为实验变量 *Treat*、时间变量 *After* 和政企关联变量 *Pc* 两两联合效应。*Control* 为一系列控制变量；γ_{year} 为事件发生年份虚拟变量；ε_{it} 为随机扰动项。若假设 H4. 2. 1a 和假设 H4. 2. 1b 成立，则 *DDD* 回归系数 ζ_7 应在竞争市场中显著为正；若假设 H4. 2. 2a 和假设 H4. 2. 2b 成立，ζ_7 在垄断市场则应显著为负。

由于可能存在自选择效应，在此为存在负面环保报道的“实验组”样本，从报道年份、所属上市板块和行业①三个方面，匹配上相同的但未在相应年份有过任何报道的控制组样本企业②，以减弱自选择效应问题（Boivie 等，2016；Smith，2016）。由描述性统计分析发现有部分企业并未进行相关信息披露，样本数据呈右偏截尾分布，于是后文对式（4－4）在企业个体层面聚类③建立 *Tobit* 模型进行分析。

① 根据证监会行业划分标准。

② 在此并非采用一对一匹配，而是采用一对多匹配，只要符合条件的就全部纳入控制组。

③ 由于在企业个体层面进行了聚类，因此在式（4－4）中没有加入行业固定效应。

三、描述性统计

表4－11列示了主要变量的最小值、最大值、均值和标准差。由表4－11可知，*EDI*、*EE*和*ES*最小值均为“0”，样本数据呈右偏分布，均值分别是19.283、6.995、2.214，都处于较低的水平。可见，现阶段中国重污染企业不论是环境信息整体，还是环境战略方面，抑或是能耗排放方面，披露情况都不容乐观。

表4－11　　主要变量的描述性统计分析

变量	样本数	极小值	极大值	均值	标准差
EDI	621	0	59	19.283	12.532
EE	621	0	30	6.995	6.405
ES	621	0	6	2.214	1.224
Group	624	0	1	0.397	0.490
Deep	624	0	1	0.263	0.441
Freq	624	0	6	0.885	1.383
After	624	0	1	0.500	0.500
Uctype	624	0	1	0.346	0.476
Pctdm	624	0	7	0.321	0.467
Pchdm	624	0	2	0.096	0.295
Iso	624	0	2	0.346	0.502
Size	621	18.986	28.004	22.006	1.490
Roa	621	−0.507	0.381	0.049	0.054
Currt	621	0.017	5.653	0.805	0.675
Listtime	621	−2	25	7.712	6.332
Mak	624	0.310	9.790	7.680	1.829

*Uctype*的均值为0.346，说明样本企业中有约1/3的企业是国有性质，最终控制权属于各级政府国资委。此外，*Pctdm*的均值为0.321，*Pchdm*的均值为0.096，表明样本企业中有超过1/3

的企业存在政企关联关系，其中有近 10% 的企业存在高层政企关联关系。*Group*、*Deep* 的均值分别为 0. 397 和 0. 263，表明样本企业中有近 40% 的企业被媒体进行过负面环保报道，有约 1/4 的企业因为环保问题被深度报道过。

四、基于媒体负面报道整体层面的讨论

（一）从产权属性层面考察政企关联关系的分析

首先检验了不同市场结构中企业环境信息披露总体情况以及环境战略和能耗排放这两方面外界比较敏感的信息的变化。表 4 – 12 报告了从产权属性层面考察政企关联，利用式（4 – 4）建立 Tobit 模型，对不同市场结构中媒体负面环保报道后的政企关联对企业环境信息披露总体以及环境战略和能耗排放影响进行检验的结果。

表 4 – 12　媒体负面报道后产权层面政企关联对企业环境信息披露的影响

变量	竞争	垄断	竞争	垄断	竞争	垄断
	EDI（1）	*EDI*（2）	*EE*（3）	*EE*（4）	*ES*（5）	*ES*（6）
DDD（*After* × *Group* × *Uctype*）	7. 558	– 1. 386	5. 226 **	– 0. 264	0. 167	– 0. 0245
	(4. 612)	(4. 699)	(2. 606)	(3. 104)	(0. 431)	(0. 390)
After × *Uctype*	2. 834 *	– 3. 058	0. 989	– 2. 869	0. 268 *	– 0. 274
	(1. 675)	(3. 563)	(1. 057)	(2. 469)	(0. 141)	(0. 308)
Group × *Uctype*	– 0. 997	– 15. 12 ***	– 1. 035	– 7. 818 **	– 0. 530	– 1. 754 ***
	(4. 572)	(4. 597)	(2. 302)	(3. 079)	(0. 520)	(0. 634)
After × *Group*	0. 138	– 0. 787	0. 277	– 2. 688	0. 227	– 0. 0795
	(1. 952)	(3. 760)	(1. 402)	(2. 671)	(0. 208)	(0. 315)
Group	– 1. 334	10. 75 ***	– 0. 387	5. 537 **	– 0. 0117	1. 349 ***
	(2. 498)	(3. 418)	(1. 184)	(2. 250)	(0. 306)	(0. 321)

续表

变量	竞争	垄断	竞争	垄断	竞争	垄断
	EDI (1)	*EDI* (2)	*EE* (3)	*EE* (4)	*ES* (5)	*ES* (6)
After	1.972*	4.838	0.781	5.002**	0.0237	0.254
	(1.182)	(3.283)	(0.782)	(2.346)	(0.134)	(0.302)
Uctype	-0.112	9.421**	0.919	5.955**	0.0614	0.595
	(3.349)	(3.659)	(1.485)	(2.294)	(0.369)	(0.379)
控制变量	已控制	已控制	已控制	已控制	已控制	已控制
事件发生年份	已控制	已控制	已控制	已控制	已控制	已控制
常数项	-17.62	-116.6***	-7.547	-72.01***	-3.629	-8.214***
	(21.28)	(15.20)	(10.54)	(10.25)	(2.343)	(2.547)
Pseudo R^2	0.0507	0.096	0.0544	0.1122	0.0772	0.148
Log likelihood	-1 354.991	-885.785	-1 019.831	-681.421	-483.087	-341.278
样本量	378	243	378	243	378	243

注：① ***、**、*分别表示双尾检验的统计显著水平为1%、5%、10%；
②括号内为在样本个体层面进行聚类的聚类稳健标准差。

表4-12第（3）列的*DDD*变量系数在5%的显著性水平上显著为正，可以认为媒体有关企业环保方面的负面报道在强竞争市场下能显著促进国有企业对外披露排放能耗方面的信息。这在一定程度上表明媒体在环保方面对国有企业的监督能力在竞争市场能得到部分体现，企业与政府的产权关联关系在一定程度上显著提高了国有企业环保问题曝光后的环境信息透明度。有鉴于表4-12除了第（3）列的*DDD*变量系数外，其他系数均在10%显著性水平上不显著，可以认为假设H4.2.2a没有得到样本数据支持，假设H4.2.1a仅得到样本数据的部分支持。

（二）从企业高管任职背景层面考察政企关联关系的分析

表4-13报告了从企业高管身份层面考察政企关联，利用式

(4-4) 建立 Tobit 模型，对不同市场结构中媒体负面环保报道后，政企关联对企业环境信息披露总体以及环境战略和能耗排放影响进行检验的结果。

从表 4-13 第 (1) ~第 (6) 列 *Group*、*After* 和 *Pctdm* 的 DDD 变量系数在 10% 的显著性水平上均不显著，这在一定程度上表明，不论在强竞争市场还是在弱竞争市场中，媒体在环保方面对企业的监督能力都有限，企业高管在政府的任职经历并未显著改变两种市场企业环保问题曝光后的环境信息披露决策。假设 H4.2.1b 和假设 H4.2.2b 在此都没有得到样本数据的支持。

表 4-13　媒体负面报道后高管任职背景政企关联对企业环境信息披露的影响

变量	竞争	垄断	竞争	垄断	竞争	垄断
	EDI (1)	*EDI* (2)	*EE* (3)	*EE* (4)	*ES* (5)	*ES* (6)
DDD (*After* × *Group* × *Pctdm*)	2.181	0.394	1.371	0.660	-0.078	-0.551
	(3.202)	(5.255)	(2.158)	(3.805)	(0.339)	(0.399)
After × *Pctdm*	-3.857**	-4.765	-1.784	-3.062	-0.061	0.253
	(1.587)	(4.355)	(1.083)	(3.416)	(0.177)	(0.296)
Group × *Pctdm*	-3.677	13.840**	0.257	8.844**	-1.364***	1.278*
	(6.077)	(6.598)	(3.402)	(3.666)	(0.450)	(0.698)
After × *Group*	1.327	-1.600	1.203	-2.876	0.322	0.033
	(2.465)	(2.773)	(1.561)	(1.807)	(0.227)	(0.225)
Group	-0.682	-1.156	-0.633	-1.163	0.082	0.165
	(2.496)	(3.275)	(1.272)	(1.927)	(0.297)	(0.453)
After	3.973***	4.776**	1.523*	4.201***	0.128	0.131
	(1.284)	(2.100)	(0.811)	(1.415)	(0.139)	(0.221)
Pctdm	3.916*	-6.780	0.875	-4.626	0.317	-1.048**
	(2.087)	(5.271)	(1.173)	(2.903)	(0.222)	(0.499)

续表

变量	竞争	垄断	竞争	垄断	竞争	垄断
	EDI (1)	*EDI* (2)	*EE* (3)	*EE* (4)	*ES* (5)	*ES* (6)
控制变量	已控制	已控制	已控制	已控制	已控制	已控制
事件发生年份	已控制	已控制	已控制	已控制	已控制	已控制
常数项	-15.67	-97.72***	-6.130	-62.99***	-3.564	-5.238***
	(22.050)	(13.690)	(10.750)	(8.659)	(2.348)	(1.931)
Pseudo R^2	0.051	0.092	0.050	0.114	0.097	0.126
Log likelihood	-1 355.219	-890.000	-1 024.833	-680.037	-472.847	-350.115
样本量	378	243	378	243	378	243

注：①***、**、*分别表示双尾检验的统计显著水平为1%、5%、10%；
②括号内为在样本个体层面进行聚类的聚类稳健标准差。

正如前文所述，地方政府除了承担社会责任外，还有巨大的财政压力，这就决定了中央和地方政府自身利益倾向的差异。与高层政府有关联的企业不仅决策结果更容易与中央政府目标达成一致，而且履行环保责任时会受到更多外界的关注，因而对环保问题更敏感，媒体更容易发挥治理作用。另外，能与高层政府建立政企关联的企业大多规模较大，自身具有资金、技术等资源优势，他们更有能力和条件去切实履行环保责任。为了探讨企业高管在高层政府任职经历对负面报道后企业环境信息披露行为的影响，在此采用类似表4-13的方法，专门对不同市场结构中企业高管的高层政府任职背景这一政企关联关系的影响效应进行了三重差分检验（具体结果见表4-14）。

与表4-13的结果一致，表4-14第（1）和第（3）列*Group*、*After*和*Pchdm*的*DDD*变量系数在10%水平上仍然没有显著，这就是说即使识别了高管高层政企关联关系后，假设H4.2.1b仍然没有得到支持。

表 4－14　　媒体负面报道后高管高层政企关联对企业环境信息披露的影响

变量	竞争	垄断	竞争	垄断	竞争	垄断
	EDI（1）	*EDI*（2）	*EE*（3）	*EE*（4）	*ES*（5）	*ES*（6）
DDD（*After* × *Group* × *Pchdm*）	2.026	－7.639**	2.849	－3.917**	－0.680**	－1.019**
	（3.549）	（3.460）	（2.501）	（1.699）	（0.280）	（0.437）
After × *Pchdm*	－3.597**	—	－2.721*	—	0.178	—
	（1.780）		（1.421）		（0.213）	
Group × *Pchdm*	－8.063	3.503	－1.881	2.720	－1.204*	－0.222
	（9.688）	（4.537）	（5.170）	（2.355）	（0.659）	（0.416）
After × *Group*	2.302	－1.131	1.509	－2.537	0.381*	－0.006
	（2.231）	（2.375）	（1.431）	（1.574）	（0.203）	（0.190）
Group	－1.806	2.857	－0.640	1.227	－0.179	0.524
	（2.222）	（2.806）	（1.125）	（1.661）	（0.268）	（0.345）
After	2.880**	3.547*	1.163	3.487**	0.0517	0.129
	（1.159）	（2.129）	（0.728）	（1.433）	（0.122）	（0.195）
Pchdm	2.599	—	1.434	—	－0.240	—
	（4.182）		（2.168）		（0.316）	
控制变量	已控制	已控制	已控制	已控制	已控制	已控制
事件发生年份	已控制	已控制	已控制	已控制	已控制	已控制
常数项	－15.950	－95.010***	－6.492	－60.560***	－3.866	－5.526***
	（22.500）	（15.310）	（10.92）	（9.697）	（2.358）	（1.981）
Pseudo R^2	0.050	0.082	0.0497	0.098	0.096	0.122
Log likelihood	－1 355.866	－899.961	－1 024.919	－692.283	－473.513	－351.807
样本量	378	243	378	243	378	243

注：①***、**、*分别表示双尾检验的统计显著水平为1%、5%、10%；

②括号内为在样本个体层面进行聚类的聚类稳健标准差，因为避免多重共线性问题部分变量未能进入回归方程。

与表4－13的结果不同，表4－14第（2）、第（4）列的*DDD*变量系数在5%的显著性水平上显著为负。由此可见，垄断市场中企业高管有高层政府任职经历的企业，被媒体曝光了环境问题后不仅会显著降低总体环境信息披露水平，而且能耗排放方面的内容也会明显减少。现阶段媒体对企业环保问题的报道一般都是围绕排放能耗问题，在市场和政府的双重抑制效应影响下，相当部分垄断性企业对环境信息采用的是回避态度。尤其是在高层政府的“庇护”下，那些具有高层政府关联关系的企业对媒体曝光的问题并未做实质性改进，自然就更不愿意对外公开更多履行环保责任的细节。由此可见，在识别了高层政企关联关系后，假设H4.2.2b得到了支持，高层政府对企业的保护作用在弱市场竞争条件下得到了明显体现。

此外，表4－14第（5）和第（6）列表明不论面对哪种市场环境，高管高层政企关联企业在被媒体曝光环境问题后都会显著减少有关环保战略的披露。这可能是由于环保战略作为企业最容易人为操纵的部分，平时大多扮演着“粉饰”环境责任履行状况的作用，当媒体曝光了环保问题后，存在高层政企关联的企业不论市场竞争强弱往往都更受媒体和民众关注，如果仍然大谈环保战略愿景，难免让人觉得是空谈，不仅难以改善企业形象，甚至可能适得其反，因此企业宁愿选择降低“人为粉饰”，减少相关内容披露。

（三）平行趋势假设的检验

最后，为了检验实验组和控制组之间是否满足平行趋势假设，即处理组和对照组在事件发生之前是否有相同的变动趋势，对媒体报道发生之前的观测值在式（4－4）的基础上设定如下的回归方程（罗知，2015）：

$$Y_{it} = \beta_0 + \beta_1 Period_{-2} + \beta_2 Period_{-2} \times Group + \sum \beta_3 Control_{it} + \beta_4 \gamma_{year} + \varepsilon_{it} \quad (4-5)$$

其中，$Period_{-2}$为虚拟变量，当所属期间为事件发生前2期时，对应$Period_{-2}$为1，否则为0，剩下变量的经济含义同式（4－4）。式（4－5）中系数β_1是以媒体报道前一年的信息披露水平为基础，反映了媒体报道前两年信息披露质量与之的差异；系数β_2在β_1的基础上进一步识别了媒体报道因素的叠加效应。表4－15报告了检验结果。由于在表4－15的结果中，系数β_1和β_2都不显著，所以可以认为满足平行趋势假定。

五、基于媒体负面环保报道深度和报道次数的讨论

不仅深度报道能表现出显著的治理效果，而且随着媒体曝光数量的增加，企业改正违规行为的概率也随之提高（李培功和沈艺峰，2010）。王翊和许晓卉（2018）发现，媒体的负面报道、媒体的深度报道对公司社会责任履行有正向的显著影响；而媒体报道总数、简要报道对公司社会责任履行的影响不显著。王帆（2016）研究发现，企业的社会责任负面报道显著地提高了会计信息质量，当负面社会责任报道严重时，企业会显著降低任何形式的盈余操纵。下面将进一步研究负面环保报道深度和次数与政企关联共同作用下企业环境信息披露行为的特点。

（一）从产权属性层面考察政企关联关系的分析

1. 深度负面环保报道后不同市场结构中产权政企关联对企业环境信息披露的影响。

在此将媒体在当年进行过全面报道或/和跟踪报道的样本区分出来，利用式（4－4）建立OLS模型进行了三重差分分析，具体结果见表4－16。

表4－16中第（1）和第（3）列三重差分估计量*DDD*（*After*×*Deep*×*Pctdm*）的系数分别在10%和5%的水平上显著为正。这表明竞争市场中在被媒体深度报道了环保问题后，国有

表 4－15　平行趋势假定检验结果

变量	竞争	垄断	竞争	垄断	竞争	垄断	竞争	垄断	竞争	垄断	竞争	垄断
	Tobit 模型	Tobit 模型	OLS 模型	OLS 模型	Tobit 模型	Tobit 模型	OLS 模型	OLS 模型	Tobit 模型	Tobit 模型	OLS 模型	OLS 模型
	EDI (1)	*EDI* (2)	*EDI* (3)	*EDI* (4)	*EE* (5)	*EE* (6)	*EE* (7)	*EE* (8)	*ES* (9)	*ES* (10)	*ES* (11)	ES (12)
Period_2	-0.820	-2.600	-0.758	-2.487	-0.261	-1.559	-0.170	-1.129	-0.0194	-0.112	-0.0211	-0.106
	(1.032)	(1.971)	(1.060)	(2.068)	(0.685)	(1.250)	(0.605)	(1.013)	(0.116)	(0.188)	(0.130)	(0.203)
Period_2 × *Group*	-0.853	2.318	-0.908	2.260	-0.0128	1.505	-0.146	1.110	-0.275	0.246	-0.279	0.225
	(2.429)	(2.618)	(2.511)	(2.743)	(1.500)	(1.590)	(1.432)	(1.342)	(0.236)	(0.309)	(0.247)	(0.335)
控制变量	已控制	已控制	已控制	已控制	已控制	已控制	已控制	已控制	已控制	已控制	已控制	已控制
事件发生年份	已控制	已控制	已控制	已控制	已控制	已控制	已控制	已控制	已控制	已控制	已控制	已控制
常数项	6.904	-99.37***	6.463	-96.27***	8.268	-63.26***	7.145	-55.87***	-0.969	-6.807***	-1.193	-7.036***
	(22.33)	(16.82)	(23.06)	(17.25)	(12.92)	(10.84)	(11.78)	(9.650)	(2.382)	(2.083)	(2.559)	(2.160)
Pseudo R^2 / R^2	0.044	0.090	0.283	0.507	0.034	0.070	0.187	0.506	0.074	0.119	0.201	0.326
样本量	188	121	188	121	188	121	188	121	188	121	188	121

注：① ***、**、* 分别表示双尾检验的统计显著水平为 1%、5%、10%；

②括号内为在样本个体层面进行聚类的聚类稳健标准差；

③VIF 值均小于 10 表明不存在严重的多重共线性问题；

④由于后文会用到 OLS 混合模型，因此在此提供了 Tobit 和 OLS 的检验结果。

企业显著提高了环境信息披露的整体质量和排放能耗方面的信息质量。但在随后第（5）列针对环保战略的分析中发现，国有企业并未显著改变深度报道后的披露策略（*DDD* 系数在10% 水平上均不显著）。由此可见，假设 H4. 2. 1a 在深度报道情况下，从信息披露总体水平和能耗排放方面看得到了样本数据支持，但环保战略方面仍然没有得到支持。这也印证了前面表 4 – 12 的结果，说明高度的市场竞争更有利于发挥媒体监督作用和政府推动效应。第（2）、第（4）和第（6）列三重差分估计量 *DDD*（*After* × *Deep* × *Uctype*）的系数在 10% 水平上均未显著，由此可见，假设 H4. 2. 2a 在考虑深度报道情况下仍没有得到支持。

表 4 – 16　　媒体深度负面报道后产权属性对企业环境信息披露的影响

变量	竞争	垄断	竞争	垄断	竞争	垄断
	EDI（1）	*EDI*（2）	*EE*（3）	*EE*（4）	*ES*（5）	*ES*（6）
DDD（*After* × *Deep* × *Uctype*）	8. 774 *	– 3. 893	6. 221 **	– 2. 009	– 0. 0268	– 0. 491
	（4. 688）	（6. 651）	（2. 841）	（4. 085）	（0. 403）	（0. 453）
After × *Uctype*	3. 819	– 2. 552	1. 677	– 1. 653	0. 370	– 0. 170
	（2. 320）	（2. 687）	（1. 121）	（1. 638）	（0. 235）	（0. 237）
Deep × *Uctype*	– 5. 628	– 4. 893	– 4. 212	– 0. 778	– 0. 315	– 0. 249
	（5. 907）	（5. 830）	（2. 545）	（3. 233）	（0. 703）	（0. 687）
After × *Deep*	– 1. 064	1. 761	– 0. 0246	0. 159	0. 199	0. 303
	（1. 836）	（6. 003）	（1. 233）	（3. 765）	（0. 251）	（0. 352）
Deep	1. 884	2. 115	0. 425	– 0. 664	0. 195	0. 334
	（2. 539）	（4. 353）	（1. 298）	（2. 454）	（0. 315）	（0. 450）
After	2. 417 **	4. 274 *	0. 727	2. 935 *	0. 0970	0. 231
	（1. 151）	（2. 509）	（0. 690）	（1. 513）	（0. 139）	（0. 246）

续表

变量	竞争	垄断	竞争	垄断	竞争	垄断
	EDI (1)	*EDI* (2)	*EE* (3)	*EE* (4)	*ES* (5)	*ES* (6)
Uctype	-0.236	4.702	0.727	3.082	-0.0657	-0.0138
	(2.950)	(3.643)	(1.175)	(1.911)	(0.389)	(0.368)
控制变量	已控制	已控制	已控制	已控制	已控制	已控制
事件发生年份	已控制	已控制	已控制	已控制	已控制	已控制
常数项	-10.82	-107.1***	-5.416	-58.62***	-2.931	-6.778**
	(22.83)	(19.00)	(10.53)	(10.12)	(2.494)	(2.653)
样本量	378	243	378	243	378	243
R^2	0.323	0.485	0.268	0.470	0.205	0.306

注：① ***、**、*分别表示双尾检验的统计显著水平为1%、5%、10%；
②括号内为在样本个体层面进行聚类的聚类稳健标准差。

2. 负面环保报道次数与产权政企关联在不同市场结构中对企业环境信息披露的影响。

除了对企业环保问题进行全面深入报道外，媒体还可以围绕企业的某环保事件进行多频次地曝光，以此提高企业和外界对报道内容的重视。在此将媒体在当年进行环境负面报道次数计算出来，采用类似表4-16方法进行三重差分分析，具体结果见表4-17。

表4-17　媒体报道频次与产权属性对企业环境信息披露的影响

变量	竞争	垄断	竞争	垄断	竞争	垄断
	EDI (1)	*EDI* (2)	*EE* (3)	*EE* (4)	*ES* (5)	*ES* (6)
DDD (*After* × *Freq* × *Uctype*)	2.825***	-0.111	1.750***	-0.107	0.0362	0.0147
	(0.804)	(1.772)	(0.556)	(1.070)	(0.110)	(0.141)
After × *Freq*	0.0742	-0.394	0.214	-0.414	0.0681	-0.0830
	(0.591)	(1.357)	(0.398)	(0.842)	(0.101)	(0.118)

续表

变量	竞争	垄断	竞争	垄断	竞争	垄断
	EDI（1）	*EDI*（2）	*EE*（3）	*EE*（4）	*ES*（5）	*ES*（6）
Freq × *Uctype*	-1.189	-4.705**	-0.632	-2.006*	-0.177	-0.516***
	(1.193)	(1.957)	(0.475)	(1.168)	(0.152)	(0.175)
After × *Uctype*	3.098	-3.499	1.351	-2.180	0.315	-0.288
	(1.997)	(2.996)	(0.979)	(1.822)	(0.203)	(0.299)
Freq	-0.0357	4.157***	-0.0754	1.514*	0.0658	0.531***
	(0.657)	(1.399)	(0.288)	(0.786)	(0.0990)	(0.116)
After	2.312**	5.036*	0.640	3.356*	0.137	0.367
	(1.102)	(2.813)	(0.631)	(1.743)	(0.134)	(0.284)
Uctype	-0.376	7.952**	0.419	4.563**	0.00494	0.450
	(2.921)	(3.485)	(1.164)	(1.813)	(0.386)	(0.352)
控制变量	已控制	已控制	已控制	已控制	已控制	已控制
事件发生年份	已控制	已控制	已控制	已控制	已控制	已控制
常数项	-11.36	-101.6***	-4.792	-57.91***	-3.064	-6.798***
	(22.39)	(16.53)	(10.19)	(9.060)	(2.590)	(2.263)
样本量	378	243	378	243	378	243
R^2	0.326	0.521	0.273	0.487	0.211	0.369

注：①***、**、*分别表示双尾检验的统计显著水平为1%、5%、10%；
②括号内为在样本个体层面进行聚类的聚类稳健标准差。

表4-17的结果与表4-16类似，其中第（1）和第（3）列三重差分估计量DDD（*After* × *Freq* × *Uctype*）的系数分别在10%和5%的水平上显著为正。这表明竞争市场中媒体报道环保问题次数越多，国有企业越会增加整体环境信息披露和排放能耗方面信息的披露。第（5）列针对环保战略的分析（*DDD*系数在10%水平上不显著）表明，被媒体多次报道后，竞争市场国有企业并未显著改变原有环境战略信息披露策略。第（2）、第（4）和第（6）列三重差分估计量*DDD*（*After* × *Freq* × *Uctype*）

的系数在 10% 水平上均未显著，由此可见，假设 H4.2.2a 即使在考虑报道频次情况下仍没有得到样本数据支持。

（二）从企业高管任职背景层面考察政企关联关系的分析

1. 深度负面环保报道后不同市场结构中高管政企关联对企业环境信息披露的影响。

此外采用类似前文表 4－13 的方法，从企业高管任职背景的政企关联角度对深度负面环保报道的影响作用进行了三重差分分析，具体结果见表 4－18。

表 4－18　媒体深度负面报道后高管任职政企关联对企业环境信息披露的影响

变量	竞争	垄断	竞争	垄断	竞争	垄断
	EDI（1）	*EDI*（2）	*EE*（3）	*EE*（4）	*ES*（5）	*ES*（6）
DDD（*After* × *Deep* × *Pctdm*）	5.940 *	－6.535	2.971	－3.623	0.213	－0.487
	(3.249)	(4.656)	(2.278)	(2.809)	(0.362)	(0.469)
After × *Pctdm*	－4.488 ***	－1.861	－2.054 *	－1.615	－0.130	0.098
	(1.617)	(2.976)	(1.088)	(2.028)	(0.175)	(0.233)
Deep × *Pctdm*	－10.020	7.584	－2.946	4.836	－1.697 ***	0.633
	(7.145)	(6.331)	(3.959)	(3.348)	(0.457)	(0.741)
After × *Deep*	－0.773	0.341	0.578	－1.403	0.188	0.034
	(2.534)	(3.158)	(1.723)	(2.051)	(0.239)	(0.244)
Deep	2.863	－3.134	－0.0265	－2.803	0.406	0.041
	(2.624)	(3.956)	(1.444)	(2.062)	(0.321)	(0.500)
After	4.718 ***	3.690 *	1.821 **	2.972 **	0.209	0.149
	(1.285)	(1.970)	(0.828)	(1.350)	(0.136)	(0.183)
Pctdm	4.898 **	－0.329	1.378	－0.375	0.328	－0.411
	(1.994)	(4.065)	(1.107)	(2.227)	(0.209)	(0.425)

续表

变量	竞争	垄断	竞争	垄断	竞争	垄断
	EDI (1)	*EDI* (2)	*EE* (3)	*EE* (4)	*ES* (5)	*ES* (6)
控制变量	已控制	已控制	已控制	已控制	已控制	已控制
事件发生年份	已控制	已控制	已控制	已控制	已控制	已控制
常数项	-12.860	-104.900***	-7.104	-69.060***	-2.619	-5.689***
	(22.290)	(15.120)	(10.990)	(9.212)	(2.297)	(2.158)
Pseudo R^2	0.052	0.083	0.050	0.105	0.098	0.109
Log likelihood	-1 353.092	-898.924	-1 024.937	-687.304	-472.285	-357.034
样本量	378	243	378	243	378	243

注：①***、**、*分别表示双尾检验的统计显著水平为1%、5%、10%；
②括号内为在样本个体层面进行聚类的聚类稳健标准差。

与表4-13的结果不同，表4-18中第（1）列三重差分估计量*DDD*（*After*×*Deep*×*Pctdm*）的系数在10%的水平上显著为正。这表明竞争市场中在媒体深度报道了企业的环保问题后，与政府存在高管政企关联关系的企业显著提高了环境信息披露的整体质量。但在随后第（3）和第（5）列针对能耗排放和环保战略的分析中发现，政企关联因素并未显著改变深度报道后企业的披露策略（*DDD*系数在10%水平上均不显著）。由此可见，假设H4.2.1b在深度报道情况下，从信息披露总体质量上看得到了支持，但具体到能耗排放和环保战略方面仍没有得到支持。与表4-13的结果对比后不难看出，深度全面报道更有利于发挥媒体监督作用和政府推动效应。

为了深入探讨企业高管高层政企关联对深度负面报道后企业选择性环境信息披露行为的影响，类似表4-14专门针对企业高管高层政府任职这一政企关联因素的影响进行了三重差分分析（结果见表4-19）。

表 4-19　媒体深度负面报道后高管高层政企关联对企业环境信息披露的影响

变量	竞争	垄断	竞争	垄断	竞争	垄断
	EDI（1）	*EDI*（2）	*EE*（3）	*EE*（4）	*ES*（5）	*ES*（6）
DDD（*After* × *Deep* × *Pchdm*）	7.053***	-11.690***	5.416***	-3.548*	-0.491*	-1.061**
	(2.576)	(3.381)	(1.865)	(1.931)	(0.276)	(0.533)
After × *Pchdm*	-4.043**	0.799	-2.710**	-1.569	0.090	-0.246**
	(1.668)	(1.404)	(1.301)	(0.951)	(0.202)	(0.114)
Deep × *Pchdm*	-23.410***	-18.080***	-10.450***	-7.978***	-1.881***	-0.695
	(4.642)	(5.775)	(2.713)	(2.671)	(0.471)	(0.666)
After × *Deep*	0.434	-0.571	1.010	-2.002	0.271	0.0422
	(2.229)	(2.570)	(1.535)	(1.702)	(0.208)	(0.203)
Deep	1.130	0.692	-0.403	-0.595	0.101	0.289
	(2.298)	(3.136)	(1.307)	(1.698)	(0.283)	(0.372)
After	3.515***	3.340*	1.365*	2.671**	0.119	0.156
	(1.146)	(1.903)	(0.732)	(1.264)	(0.121)	(0.165)
Pchdm	3.497	17.480***	2.022	8.898***	-0.258	0.432
	(3.838)	(3.938)	(1.983)	(1.800)	(0.292)	(0.448)
控制变量	已控制	已控制	已控制	已控制	已控制	已控制
事件发生年份	已控制	已控制	已控制	已控制	已控制	已控制
Pseudo R^2	0.0538	0.088	0.052	0.106	0.100	0.117
Log likelihood	-1 350.635	-893.357	-1 022.145	-686.155	-472.760	-353.793
常数项	-11.880	-103.900***	-7.160	-66.740***	-3.010	-6.011***
	(22.810)	(15.920)	(11.090)	(9.373)	(2.314)	(2.198)
样本量	378	243	378	243	378	243

注：① ***、**、* 分别表示双尾检验的统计显著水平为 1%、5%、10%；
②括号内为在样本个体层面进行聚类的聚类稳健标准差。

不同于表 4 – 14 的结果，表 4 – 19 的第（1）和第（3）列的 DDD（$After \times Deep \times Pchdm$）系数在 1% 水平上显著为正，其余各列显著为负。由此可见，被媒体深度报道后，高管高层政企关联关系虽然能明显推动强竞争市场企业提高能耗排放和整体环境信息披露水平，但也强化了弱竞争市场企业对环境信息披露的回避态度。此外，不论哪种市场结构中，企业都明显减少了环保战略的表述。

垄断性较强的污染行业多为资源类企业，这类企业本身进入门槛较高，市场竞争压力不大。即便被媒体深度曝光后做出了实质性改变，这类企业为了保持竞争优势，市场作用往往也体现出抑制效应。加之，与高层政府有关联关系的垄断性企业（比如中石油、中石化等）多在国民经济中占有举足轻重的地位。他们即使存在不当环保行为，政府也难以对其实施严厉处罚。在政府听之任之、视而不见态度下，这类企业表现出明显政府抑制效应，因此可能对做出实质性改进的动力不足，披露环保信息的积极性不高。可见，垄断市场政府与市场的抑制效应强化了企业回避信息披露的意愿。

与之相反，强竞争市场中企业面临较大的产品市场压力，市场机制推动作用明显。当高层政企关联企业被媒体深度曝光后，高层政府有强烈的意愿去督促这些关联企业做出实质性的改进，这时企业需要通过积极的信息披露去展示自己在环保方面所做出的努力、在曝光的污染排放和高能耗方面所做的改进，以此获得消费者认可和巩固自己与高层政府的关系。因此这时政府与市场的推动效应都得到了体现。

此外，表 4 – 19 中针对环保战略的检验结果仍然表明，不论面对哪种市场环境，企业在被媒体深度曝光后高管高层政企关联企业都会显著减少有关环保战略的披露，避免让外界觉得是在空谈环保战略愿景。这与王帆（2016）研究发现“当负面社会责任报道严重时，企业会显著降低任何形式的盈余操纵”一致。这也印证了表4-14中有关环境战略部分的检验结果。

2. 负面环保报道次数与政企关联在不同市场结构中对企业环境信息披露的影响。

在此将媒体在当年围绕某企业的某环保事件进行曝光的次数统计出来，利用式（4-4）建立Tobit模型进行三重差分分析，探讨不同市场结构中企业高管政企关联和负面报道次数共同作用下，企业的选择性环境信息披露决策变化（结果见表4-20）。

表4-20中第（1）和第（3）列三重差分估计量*DDD*（*After* × *Freq* × *Pctdm*）的系数在5%的水平上显著为正。这表明竞争市场中在媒体增加报道次数后，高管与政府存在关联关系的企业显著提高了环境信息披露的整体质量，并且更多地公开了能耗排放方面的信息。但在第（2）和第（4）列针对垄断市场*EDI*和*EE*的分析中*DDD*系数在10%水平上均不显著。可见即使增加媒体曝光次数后，与政府存在关联关系的企业仍然不会显著改变环境信息披露策略。随后第（5）和第（6）列针对两种市场环保战略的检验中*DDD*系数在10%水平上也均不显著，说明增加负面报道次数也不能显著改变政企关联企业的环保战略披露决策。显然，假设H4.2.2b没有得到支持，虽然假设H4.2.1b在环保战略方面没有得到支持，但在信息披露总体质量和能耗排放两个角度得到了样本数据支持。这与李培功和沈艺峰（2010）研究发现媒体曝光次数与深度报道都能表现出显著的治理效果的结论，与王翊和许晓卉（2018）发现媒体报道总数、简要报道对公司社会责任履行的影响不显著的结论在一定程度上均相符。前期研究结果的矛盾可能就是在于没有考虑市场竞争和政企关系因素。表4-20的结果再次表明高度的市场竞争更有利于发挥媒体治理作用和政府在环保方面的推动效应。

表 4-20　　媒体报道频次与政企关联对企业环境信息披露的影响

变量	竞争	垄断	竞争	垄断	竞争	垄断
	EDI (1)	*EDI* (2)	*EE* (3)	*EE* (4)	*ES* (5)	*ES* (6)
DDD (*After* × *Freq* × *Pctdm*)	2.555**	0.100	1.724**	0.137	0.033	-0.212
	(1.253)	(1.863)	(0.860)	(1.313)	(0.183)	(0.132)
After × *Freq*	0.582	-0.700	0.634	-0.859	0.078	-0.039
	(0.752)	(0.955)	(0.491)	(0.607)	(0.074)	(0.066)
Freq × *Pctdm*	-6.430	6.005**	-1.679	3.549***	-1.189***	0.625***
	(3.902)	(2.426)	(2.238)	(1.356)	(0.260)	(0.226)
After × *Pctdm*	-3.878**	-4.483	-1.683	-2.966	-0.104	0.219
	(1.597)	(3.757)	(1.085)	(2.773)	(0.176)	(0.269)
Freq	0.0180	-0.158	-0.173	-0.507	0.0394	0.0837
	(0.676)	(1.244)	(0.351)	(0.706)	(0.096)	(0.132)
After	3.925***	4.902**	1.388*	3.676***	0.169	0.228
	(1.272)	(1.910)	(0.824)	(1.289)	(0.135)	(0.199)
Pctdm	4.772**	-6.344	1.260	-3.748	0.368*	-1.104***
	(2.043)	(4.512)	(1.117)	(2.395)	(0.214)	(0.418)
控制变量	已控制	已控制	已控制	已控制	已控制	已控制
事件发生年份	已控制	已控制	已控制	已控制	已控制	已控制
常数项	-16.67	-95.050***	-6.574	-62.570***	-3.550	-4.935***
	(22.44)	(13.780)	(10.940)	(8.268)	(2.368)	(1.803)
Pseudo R^2	0.053	0.095	0.051	0.115	0.106	0.137
Log likelihood	-1 352.287	-887.090	-1 023.719	-679.5839	-468.252	-345.978
样本量	378	243	378	243	378	243

注：①***、**、*分别表示双尾检验的统计显著水平为1%、5%、10%；
②括号内为在样本个体层面进行聚类的聚类稳健标准差。

与前文同理，为了深入探讨不同市场结构中企业高管高层政企关联和负面报道次数共同作用下企业选择性环境信息披露决策的差异，再次针对企业高管高层政企关联关系的影响作用进行了三重差分分析（结果见表 4 – 21）。表 4 – 21 的第（1）和第（3）列中 *DDD*（*After* × *Freq* × *Pchdm*）系数在 1% 水平上显著为正，其余各列仍都显著为负。上述结果与表 4 – 14 不同，但与表 4 – 19 类似。由此可见，媒体深度报道和增加报道频次存在一定替代效应，提高媒体对企业环保问题报道次数后，高管高层政企关联关系明显推动了强竞争市场企业提高信息披露，但降低了垄断市场企业信息披露意愿，然而不论哪种市场结构中，企业都会明显减少公开环保战略信息。假设 H4. 2. 2b 得到支持，假设 H4. 2. 1b 仅得到部分支持。

正如前文所述，当出现的环保问题被媒体多次曝光后，垄断大型企业出于保持竞争优势，愿意做出实质性改进的不多。同时，由于垄断性企业自身拥有资金、技术等资源优势，政府向企业“转嫁”社会责任的力量有限。相反那些垄断大型企业（比如“中石油”“中石化”等央企）与高层政府保持着紧密联系，即使被媒体进行了一系列负面环保报道后，政府由于经济发展对其依赖，也难以对其实施严厉处罚。因此垄断市场中市场与政府的双重抑制效应强化了企业回避信息披露的行为。

表 4 – 21　媒体报道频次与高层政企关联对企业环境信息披露水平的影响

变量	竞争	垄断	竞争	垄断	竞争	垄断
	EDI（1）	*EDI*（2）	*EE*（3）	*EE*（4）	*ES*（5）	*ES*（6）
DDD（*After* × *Freq* × *Pchdm*）	2. 468**	– 3. 820**	2. 381***	– 2. 208***	– 0. 261*	– 0. 485**
	（1. 247）	（1. 689）	（0. 907）	（0. 814）	（0. 140）	（0. 217）
After × *Freq*	0. 869	– 0. 610	0. 726	– 0. 795	0. 098	– 0. 061
	（0. 710）	（0. 811）	（0. 475）	（0. 533）	（0. 071）	（0. 058）

续表

变量	竞争	垄断	竞争	垄断	竞争	垄断
	EDI (1)	*EDI* (2)	*EE* (3)	*EE* (4)	*ES* (5)	*ES* (6)
Freq × *Pchdm*	-8.817**	2.132	-3.229	1.490	-0.983***	-0.033
	(3.934)	(2.156)	(2.314)	(1.157)	(0.289)	(0.193)
After × *Pchdm*	-3.756**	—	-2.688*	—	0.126	—
	(1.736)		(1.370)		(0.208)	
Freq	-0.352	1.166	-0.252	0.239	-0.004	0.203*
	(0.635)	(1.153)	(0.336)	(0.658)	(0.089)	(0.115)
After	2.952***	3.830**	1.081	3.004**	0.103	0.239
	(1.131)	(1.917)	(0.723)	(1.278)	(0.118)	(0.179)
Pchdm	3.524	—	1.913	—	-0.168	—
	(4.157)		(2.132)		(0.310)	
控制变量	已控制	已控制	已控制	已控制	已控制	已控制
事件发生年份	已控制	已控制	已控制	已控制	已控制	已控制
常数项	-15.160	-93.320***	-6.700	-61.460***	-3.500	-5.337***
	(22.880)	(14.850)	(11.02)	(8.821)	(2.367)	(1.951)
Pseudo R^2	0.052	0.082	0.052	0.098	0.100	0.121
Log likelihood	-1 352.891	-899.753	-1 022.903	-692.448	-471.247	-352.345
样本量	378	243	378	243	378	243

注：①***、**、*分别表示双尾检验的统计显著水平为1%、5%、10%；

②括号内为在样本个体层面进行聚类的聚类稳健标准差，因为避免多重共线性问题部分变量未能进入回归方程。

而强竞争市场中企业面临较大的产品市场压力，一方面企业需要积极对外传递信息获得外界的认可与支持，另一方面，为了从政府那里获得支持，保持良好的政企关系，较易接受政府“转嫁”来的社会责任。随着媒体对企业存在的环保问题报道次数增加，高层政府有强烈的意愿去督促那些与之关联的企业做出实质性改变，这时企业自然愿意通过积极的信息披露去展示自己在环保方面所做出的努力，扭转政府和公众对企业的认识。于是政府与市场的双重推动效应都得到了体现。

与表 4－19 的结果一致，表 4－21 针对环保战略的检验结果再次表明，不论面对哪种市场环境，企业在被媒体多次曝光后都会显著减少有关环保战略的披露，避免让人觉得是在故意“粉饰”环境责任履行情况。

六、负面环保报道内容对企业环境信息披露的影响：拓展性研究

按照媒体负面环保报道的问题，进一步将其分为废水排放、废气排放、固体污染物排放、混合排放物以及没有明确提出污染类型五种情况，对样本企业进行方差分析，探讨被曝光污染类型对样本企业各年份环境信息披露较上一年增量的影响。

在上述样本公司中，媒体曝光废气问题的有 31 家公司，曝光废水问题的有 30 家公司，曝光固体排放物问题的有 5 家公司，曝光混合污染问题的有 6 家公司，报道中未明确提及污染物类型的有 28 家公司。

表 4－22 中第一行分别列示了垄断市场被媒体曝光企业前一年较其曝光前两年 EDI、ES 和 EE 的增长量对污染类型的方差分析结果；第二行分别列示了垄断市场被媒体曝光企业当年较其曝光前一年 *EDI*、*ES* 和 *EE* 的增长量对污染类型的方差分析结果；第三行分别列示了垄断市场被媒体曝光企业随后一年较其曝光当年 *EDI*、*ES* 和 *EE* 的增长量对污染类型的方差分析结果。从表 4－22 列示的结果可以看出，各行各列的显著性均在 10% 的水平上不显著。由此可见，垄断市场中，不论是媒体报道前还是媒体报道后，媒体对企业何种污染源的曝光并没有显著性差异，不论是涉及废水、废气、固体排放物，或是污染物混合，抑或是没有明确指出具体污染物类型，这些对企业前期和后续的选择性

环境信息披露策略的选择没有显著影响。这就意味着企业对媒体曝光存在的污染排放问题，不会因污染源种类差异而进行差别对待。

表 4－22　　负面环保报道内容对报道当年垄断市场企业环境信息披露的影响

	EDI 增长量		*ES* 增长量		*EE* 增长量	
	F 值	Sig.	F 值	Sig.	F 值	Sig.
前一年	0.78	0.548	0.34	0.846	1.72	0.173
当年	0.81	0.528	0.27	0.893	1.15	0.352
后一年	0.09	0.983	1.73	0.171	0.54	0.704

与表 4－22 类似，表 4－23 中分别列示了竞争市场被媒体曝光企业各年较上一年 *EDI*、*ES* 和 *EE* 的增长量对污染类型的方差分析结果。从表 4－23 列示的结果可以看出，各行各列的显著性均在 10% 的水平上也不显著。由此可见，竞争市场中企业对媒体曝光存在的环保问题，也不会因污染源种类差异而进行差别对待。

表 4－23　　负面环保报道内容对报道当年竞争市场企业环境信息披露的影响

	EDI 增长量		*ES* 增长量		*EE* 增长量	
	F 值	Sig.	F 值	Sig.	F 值	Sig.
前一年	2.85	0.048	0.60	0.669	3.58	0.021
当年	0.46	0.766	0.43	0.788	0.21	0.928
后一年	1.80	0.165	0.46	0.763	1.09	0.385

七、稳健性检验

首先，利用面板数据固定效应模型对产权层面政企关联的影响效应重复进行了三重差分分析，具体结果见附录 2 附表 2－14～

附表 2 – 16。分析结果显示与前文结果一致。

其次，利用混合 OLS 模型对企业高管任职背景政企关联的影响效应重复进行了三重差分分析，具体结果见附录 2 附表 2 – 17 至附表 2 – 22。分析结果显示与前文结果一致。

最后，前文分析中是用虚拟变量 *Pctdm* 和 *Pchdm* 对政企关联关系进行识别，在此换成变量 *Pct*（企业董事长曾在或正在各级人大、政协以及其他政府机构的任职数，若出现同时曾/兼任数职，需要重复计入）和 *Pch*（企业董事长曾在或正在省级以上人大、政协以及其他政府机构的任职数，若出现同时曾/兼任数职，需要重复计入）对政企关联关系进行衡量，从数量角度反映企业与政府关联关系的强弱，并利用面板数据固定效应模型重复进行了式（4 – 4）三重差分分析，具体结果见附录 2 附表 2 – 23 至附表 2 – 28（由于多重共线性的问题，部分变量没能进入面板数据固定效应模型）。面板数据固定效应模型分析结果显示，除了附表 2 – 23 中第（6）列 *DDD* 系数都显著为负以及附表 2 – 27 第（1）列 *DDD* 系数不显著外，其他检验结果也均与前文类似。这表明在考虑了政企关联强度后，不论环保报道形式如何，增加政企关联强度都会增加外界关注，促使弱竞争市场企业减少对环保战略的空谈，媒体曝光次数和政企关联强度在垄断市场仅仅促进了能耗排放信息披露，并未促进整体环保信息的披露。由于其他结果与前文一致，并未改变前面主要研究结论，于是我们仍然认为前面的检验结果具有较好的稳健性。

最后，按照媒体负面环保报道的问题，将其分为废水排放、废气排放、固体污染物排放、混合排放物以及没有明确提出污染类型五种情况，对被曝光企业不分市场结构进行方差分析（结果见附录 2 中附表 2 – 29），探讨被曝光污染类型对样本企业各年份环境信息披露较上一年增量的影响。结果仍是均不显著，与前文一致。

第三节　本章小结

以沪、深重污染企业为样本，综合利用双重/三重差分模型，从企业控制权关系转移和高管身份变化两个角度动态考察了政企关联关系如何影响不同市场竞争结构中企业的选择性环境信息披露决策，并结合媒体报道形式的差异，考察了媒体曝光后，企业披露环境信息行为的差异。研究中首先考察发生了控制权转移企业的选择性环境信息披露行为变化。其次，对比了非国有企业通过高管获得“两会”资格后企业选择性环境信息披露的变化。最后，研究被媒体负面环保报道后，国有企业和企业高管政企关联企业选择性环境信息披露的变化特点。从多个动态视角分别揭示不同市场竞争环境中，政企关联因素如何影响企业的选择性环境信息披露策略。

研究发现：

虽然整体上看，产权关系转移后竞争市场企业显著提高了环境信息披露水平，但具体来看，国有企业转变为非国有企业后，竞争市场企业环境信息披露水平（特别是在能耗排放方面）有所下降，垄断市场企业的信息披露质量则有全面实质性改善，非国有企业转变为国有企业后，企业的披露策略没有发生显著变化。民营企业高管获得“两会”资格后，竞争市场企业在能耗排放方面的披露水平得到实质性改善。

媒体深度报道和增加报道次数在发挥媒体监督作用时存在一定替代作用，仅当媒体深度报道和增加报道频次时才能激发媒体监督作用，并且这个作用在竞争市场中表现更明显。强竞争环境中国有企业和高管存在高层政企关联的企业对媒体负面报道更敏感。企业高管高层政企关联不仅能提高强竞争市场企业披露相关信息的积极性，而且还能降低垄断市场企业充分披露环境信息的意愿。企业不会因媒体曝光污染源种类差异而进行差别对待。

由此可见，现阶段不论是竞争市场还是垄断市场，政企关联带来的抑制保护效应都存在着较大的影响作用；在没有政企关联的条件下，垄断市场的市场推动效应能更好地得到体现，因此垄断市场条件下，只有弱化政企关联，才能更好地推动企业履行环保责任。强市场竞争和政企关联（主要是国有企业和高管高层政企关联企业）有利于发挥媒体监督效用。

第五章　案例研究与比较分析

基于控制权转移、企业高管身份变化和媒体负面环保报道几个动态视角，本章选择了三组典型企业进行两两对比，以分析不同市场结构中政企关联关系对企业选择性环境信息披露行为的影响。

第一节　方大化工与洛阳钼业

本节旨在通过典型案例探索不同竞争性市场中，国有企业在发生控制权转移后，由国有产权属性转变为非国有企业之后，企业的选择性环境信息披露决策是否会发生变化。即探讨不同市场结构中企业产权性质由国有变为非国有前后几年的选择性环境信息披露水平是否发生变化，产权属性层面的政企关联因素是如何影响企业的选择性环境信息披露行为的。

根据案例选择的典型性原则和极化类型原则（付永刚，2018），结合资料的现实可得性，最终选定了方大锦化化工科技股份有限公司（简称“方大化工”）和洛阳栾川钼业集团股份有限公司（简称“洛阳钼业”）作为典型案例企业展开对比研究。

方大化工属于化学原料及化学制品制造业，该行业 2011～2017 年赫芬达尔指数平均值为 0.0403，属于竞争性较强的市场。

洛阳钼业属于有色金属矿采选业，该行业 2011～2017 年赫芬达尔指数平均值为 0.1555，属于垄断性较强的市场。两家企业均属于地方国有企业，资产总规模均在 2 亿～3 亿元，并且两家公司在考察期间虽然发生了重大股权变更，但是企业的主要经营业务并未发生变化。同时都发生了董事长更换，在董事长更换过程中，原有董事长（方大化工原有董事长曹阳，洛阳钼业原有董事长吴文君）都存在市级以下政府任职经历，继任董事长（方大化工继任董事长易风林，洛阳钼业继任董事长李朝春）均不存在“两会”和政府任职经历。这样的两个样本选择在很大程度上排除了外部的干扰因素，其对比研究结果具有较好的说服力。

一、数据收集

研究中主要采用内容分析法进行数据收集。由于方大化工的控制权变更事件发生在 2011 年，故选取了 2009～2012 年四年的年报（该企业没有单独披露社会责任报告），围绕相关环保信息的语句进行内容分析（具体分析方法与前面章节分析方法一致）。洛阳钼业的控制权变更事件发生在 2013 年，故选取了 2011～2014 年四年的年报和社会责任报告，围绕相关环保信息的语句进行内容分析。分析所需数据均通过百度网站人工采集而得。

二、案例企业简要信息

1. 方大化工。

方大锦化化工科技股份有限公司坐落于葫芦岛。公司是中国 500 强特大型企业之一，创建于 1939 年。公司自 1958 年研制了聚己酰胺产品后相继试制了烧碱、聚氯乙烯、氯化苯、苯酚等 16 种化工产品，继而开始了大规模工业化生产。1996 年企业改制为国有独资有限责任公司，1997 年公司在深圳证券交易所上市，1999 年公司通过 ISO9001 质量体系认证，2004 年公司被辽宁省确定为重点工业企业。方大化工以化工生产为主，主要产品涵盖烧碱、聚氯乙烯等不同型号 20 余种产品。公司有 20 余项科研成果通过国家和省级鉴定。

2. 洛阳钼业。

洛阳栾川钼业集团股份有限公司，是一家拥有钼采矿、选矿、焙烧、钼化工和钼金属加工一体化完整产业链条的上市公司。公司初创于 1969 年，1980 年改称为河南省栾川钼矿，是河南省百强企业。企业通过了 ISO14001 环境管理体系和 GB/T28001 职业健康安全管理体系认证。公司主要从事钼、钨及黄金等稀贵金属的采选、冶炼、深加工，经营范围涵盖钨钼系列产品的采选、冶炼及深加工；钨钼系列产品及化工产品（不含化学危险品、易燃易爆、易制毒品）的出口等。主要产品有钼（钨）精矿、氧化钼、钼铁等 30 多个品种。

三、案例分析

1. 方大化工。

公司是经辽宁省人民政府批准，由锦化化工（集团）有限责任公司作为独家发起人，采取募集方式设立的股份有限公司。2010 年 7 月锦化化工（集团）有限责任公司将持有的占公司总股本的 55.92% 的 190 126 969 股股份进行拍卖。最终，方大集团竞得。2011 年 11 月 16 日在中国证券登记结算有限责任公司深圳分公司办理了股权过户手续。此时方大集团成为公司第一大股东，公司控制权发生变更，于是方威先生为最终实际控制人。

发生了重大股权变更后董事长也随即发生了更换。在董事长更换过程中，由曹阳更换为易风林。两人的任职经历简单介绍如下：

曹阳，男，汉族，辽宁省本溪市人，中共党员，研究生学历，高级工程师，曾任方大集团董事，总裁兼首席执行官、长春铁路局长春站站长、沈阳铁路分局常务副局长、锦州铁路分局局长、沈阳铁路局常务副局长等职。

易风林，男，中共党员，研究生学历，2007～2008 年任南昌钢铁有限责任公司总法律顾问；2008～2010 年方大特钢科技股份有限公司党委副书记、总法律顾问；2010 年开始担任辽宁方大集团实业有限公司副书记；2011 年 10 月 10 日当选方大化工第五届董事会董事长。

2. 洛阳钼业。

2005 年根据洛阳市政府要求，洛钼有限的国有股权出资人由栾川县政府变更为洛阳市人民政府国有资产监督管理委员会。2006 年洛阳市国资委将其持有的洛钼有限 51% 股权依法划转予其全资子公司洛阳矿业集团有限公司。随后洛钼有限实行股份制改革，变更为洛阳栾川钼业集团股份有限公司。2013 年 12 月鸿商产业控股集团有限公司通过其香港全资子公司鸿商投资有限公司在二级市场累计增持公司 H 股股份 101 000 000 股（占公司已发行总股数的 1.99%）。此时鸿商集团持有公司 1 726 706 322 股 A 股，鸿商投资有限公司持有公司 101 000 000 股 H 股，两家公司累计所持有公司 36.01% 的股份，鸿商集团成为公司的控股股东。于是公司控股股东由洛阳矿业集团有限公司变更为鸿商产业控股集团有限公司，实际控制人由洛阳市国资委变更为于泳先生。

发生了重大股权变更后董事长也随即发生了更换。在董事长更换过程中，由吴文君更换为李朝春。两人的任职经历简单介绍如下：

吴文君，1987 年获洛阳工学院机械加工及设备学士学位，1993 年 6 月获清华大学经济管理学院技术经济学硕士学位。

1993 年 7 月至 2003 年 6 月历任中信重型机械公司计算中心工程师、中信重型机械公司外贸公司部门经理及副总经理、总经理，2003 年 3 月至 2006 年 12 月任栾川县副县长，2007 ~ 2013 年任洛钼集团董事长。

李朝春，1999 年毕业于上海交通大学，获法学学士学位。1999 年 7 月至 1999 年 12 月，担任安达信（上海）企业咨询有限公司税务分部的会计员。2000 年 1 月至 2002 年 3 月，任职于安达信华强会计师事务所，最后的职位为税务分部高级顾问。2002 年 4 月至 2003 年 2 月，担任香港上海汇丰银行有限公司总代表办事处规划及策略执行副经理，2003 年 7 月至 2007 年 1 月，担任鸿商产业控股集团有限公司投资部执行董事。2007 年 1 月起任洛阳钼业副董事长、执行董事；2014 年 1 月 14 日起担任洛阳钼业董事长、执行董事、战略委员会主席。

3. 两家公司选择性环境信息披露策略变化的对比分析。

2011 年方大化工发生重大股权变更之前，在 2009 年和 2010 年年报中提供的相关环保信息总量（环境信息披露总指数）EDI 均是 14；发生重大股权变更当年 2011 年和随后一年 2012 年年报中提供的相关环保信息总量 EDI 指数分别是 11 和 12。可见，产权属性变化后企业减少了信息披露量。

方大化工在这几年中环保信息披露内容占绝大比例的是文字表述。比如每年的年报中均有如下一段文字：“节能环保方面风险及应对：根据国家节能和环保政策要求，所有高耗能行业势必受到严格限制，行业准入门槛提高。对此公司将加大资金和技术力量投入，发展新工艺新技术，发挥现有离子膜法生产烧碱的技术和能耗低的优势，实现节能与效益双赢。”而涉及污染排放和能耗的内容特别是具体数据均未提及。在环保战略方面，2009 年公司提及“充分考虑……和环保节能因素……努力做到生产装置稳定运行，产品综合能耗水平严格控制”，2012 年提及的环保战略仅是“清洁环保生产视为核心任务之一”。2010 年和 2011 年均未提及有关环保战略信息。可见，产权属性变化后企业并未增加排放能耗方面的信息和环保战略方面的信息。

2013 年洛阳钼业发生重大股权变更之前，在 2011 年和 2012 年年报和社会责任报告（由于洛阳钼业 2012 年才正式在 A 股上市，因此可获得的 2011 年企业的正式公开报告是招股说明书）中提供的环保信息总量（EDI 指数）分别是 12 和 11；发生重大股权变更当年即 2013 年和随后一年 2014 年年报中提供的相关环保信息总量分别是 31 和 24。可见，产权属性变化后企业大幅增加了信息披露量。比如在年报中从 2013 年开始，企业就用大段文字对下属各个选矿公司和钨业公司等子公司的污染排放和能源消耗情况进行详细逐一说明。在环保战略方面，2012 年企业年报中简单表述为“公司以建设资源节约型环境友好型企业为目标……搞好节能降耗、环境保护和资源综合利用，积极推进清洁生产工艺技术的应用，努力实现企业可持续发展”。2013 年企业年报相关内容有所增加，表述为“公司……强化环境保护目标责任制，追踪监督环保工程同时设计、同时施工、同时投入使用建设，把好建设关，做到验收不达标不投产；生产运营项目全面落实节能减排与污染防治措施，确保长期稳定达标运行；大力推进清洁生产，完善节能减排体系建设，切实加强污染减排工作，努力提高公司环境管理能力，实现公司环境保护可持续发展”。2014 年表述为“公司坚持以科学发展观为指导，认真贯彻落实各项法律、法规，强化环境保护目标责任制，生产运营项目全面落实节能减排与污染防治措施，确保长期稳定达标运行；大力推进清洁生产，完善节能减排体系建设，切实加强污染减排工作，努力提高公司环境管理能力，实现公司环境保护可持续发展”。显然，虽然企业在这几年中均用文字表述，但是在产权属性变化之前企业的文字表述要更简单一些。因此，不论是从污染排放方面还是环保战略方面，企业产权属性发生变化后企业披露的信息更为详细。

四、研究发现

国有企业在非国有化（民营化）后，在竞争市场下的企业并不会明显增加信息披露量（不管是排放消耗方面的信息还是环境战略方面的信息都没有明显增加），甚至还可能会减少相关环保信息的披露。但是在垄断市场中，企业会大幅增加信息披露，不管是排放消耗方面还是环保战略方面的信息都会有所增加。

第二节　安诺其与四方达

本节旨在探索不同竞争性市场中民营企业董事长在地方“人大”或“政协”任职后，所在民营企业在董事长获得“两会”资格后，政企关联如何影响企业的选择性环境信息披露决策。即探讨不同市场结构中企业在董事长在地方“两会”任职前后几年的信息披露水平是否发生变化，政企关联因素是否会影响企业的选择性环境信息披露行为。

根据案例选择的典型性原则和极化类型原则，并结合资料的现实可得性，最终选定了上海安诺其纺织化工股份有限公司（简称“安诺其”）和河南四方达超硬材料股份有限公司（简称“四方达”）作为典型案例企业展开对比研究。安诺其属于化学原料及化学制品制造业，该行业 2011～2017 年赫芬达尔指数平均值为 0.0403，属于竞争性较强的市场。四方达属于非金属矿物制品业，该行业 2011～2017 年赫芬达尔指数平均值为 0.0991，属于垄断性较强的市场。这两家公司均为民营企业，资产总规模均在 7 亿元左右，企业董事长均是经营企业数年后在市级“人大”

或“政协”任职，并且两家公司在考察期间均未发生董事长更换和重大股权变更。。这样的两个样本选择在很大程度上控制了外部的干扰因素，其对比研究结果具有较好的说服力。

一、数据收集

研究中主要采用内容分析法进行数据收集。由于安诺其董事长是在2012年开始在上海市青浦区政协任职的，故选取了2010～2013年四年的年报和社会责任报告，围绕相关环保信息的语句进行内容分析（具体分析方法与前面章节介绍方法一致）。四方达董事长从2013年开始担任郑州市第十五届人大代表，故选取了2011～2014年四年的年报和社会责任报告，围绕相关环保信息的语句进行内容分析。两家公司董事长个人任职背景资料来自于公司年报和百度网站。

二、案例企业简要信息

1. 安诺其。

上海安诺其纺织化工有限公司成立于1999年，2008年变更为上海安诺其纺织化工股份有限公司，2010年4月在深交所上市。企业主要经营业务是中高端差异化染料的研发、生产和销售，经营范围涵盖化工产品及原料的开发和销售；从事化工产品、新材料、数码打印科技领域的技术开发、技术转让等。公司目前拥有分散染料，酸性染料，活性染料等产品。

纪立军任公司董事长，纪立军、张烈寅夫妇持有本公司8 358.18万股股份（占公司总股本的52.07%）为公司控股股东。

2. 四方达。

河南四方达超硬材料有限公司成立于1997年，2008年整体变更为河南四方达超硬材料股份有限公司。公司注册资本47 847.55万元，2011年在深圳证券交易上市。公司主营业务是超硬材料及其相关制品的研发、生产和销售。公司复合超硬材料主营产品为高品级 PCD 拉丝模坯、PCD/PCBN 刀具用复合片等。复合超硬材料制品包括聚晶金刚石复合片（PDC）截齿、聚晶金刚石复合片（PDC）潜孔钻头等。其经营范围涵盖人造聚晶金刚石烧结体、人造金刚石复合片、立方氮化硼烧结体等的研制、开发、生产与销售；金属制品及零件的研制、开发、生产与销售等。

方海江、付玉霞夫妇，分别持有公司 61 038 225 股和19 446 075 股，两人持股量共占总股本的 37.26%，是公司控股股东和实际控制人。企业法定代表人和董事长均为方海江。

三、案例分析

1. 安诺其。

在案例考察期间公司董事长是纪立军先生。纪立军，1971 年出生，复旦大学工商管理硕士。1994 ~ 1995 年就职于丹东化纤公司技术部，1996 年 ~ 1999 年任 LG 精密化工上海分公司经理。1999 年底创办安诺其，并一直担任总经理，从 2008 年开始同时担任公司董事长兼总经理。此外他还担任烟台尚乎数码、东营安诺其等 6 家公司执行董事，嘉兴安诺其董事长。从 2012 年开始担任上海市青浦区政协常委、工商联副主席、中国染料协会理事。

2. 四方达。

方海江为四方达创立人，自 1997 年起一直担任公司董事长兼总经理职务。方海江，1968 年出生，中南大学工学硕士、长江商学院 EMBA，国务院特殊津贴专家，长期从事超硬材料及其制品的研发创新，拥有多项国家专利。从 2013 年开始担任郑州市政协委员，郑州市工商联副主席，从 2018 年开始担任郑州市第十五届人大代表。

3. 两家公司选择性环境信息披露策略变化的对比分析。

安诺其董事长纪立军先生自2012年开始担任上海市青浦区政协常委，在此之前纪立军先生并未有过政府任职经历。在其任职政协之前的2010年和2011年安诺其年报和社会责任报告中提供的环保信息总量（EDI指数）分别是10和7；在政协任职的当年（2012年）和随后的一年（2013年）EDI总指数都是39。可见，董事长获得政企关联关系后企业增加了信息披露量。

安诺其在2010年和2011年年报和社会责任报告中提供的污染排放和能源消耗方面的信息（能耗排放指数）分别是4和2。2012年董事长担任青浦区政协常委，获得“两会”资格当年和随后一年的年报和社会责任报告中提供的能耗排放信息都是17。可见，董事长获得“两会”资格后企业提高了能耗排放方面信息的披露量。环境战略信息披露方面，在2012年和2013年年报和社会责任报告中企业提供的环境战略方面的信息与前两年一样均是运用详细文字表述，环境战略指数均为2。以下举几个例子：

安诺其董事长获得“两会”资格后，企业在披露年报和社会责任报告时，增加了有关数字方面信息。比如，在2012年企业社会责任报告中在描述环保生产部分的表述是“为使生产过程中的各个环节也达到节能环保的标准，工厂制定了如下措施：(1) 充分利用电价的峰平谷时，合理安排生产，生产电耗最大可降低50%；(2) 严格控制污水的排放量，聚合氯化铝的用量在原来基础上降低15%；(3) 部分车间更换LED照明灯，用电功率大幅下降；(4) 安装了太阳能设备，满足车间工艺和员工洗浴用水，节约了锅炉用气；(5) 部分电器设备安装变频器，耗电量减少1/4”。但是在董事长获得“两会”资格之前的2011年企业社会责任报告中与此对应部分的具体表述是“为使生产过程中的各个环节也达到节能环保的标准，工厂制定了如下措施：(1) 合成车间合理制冰，减少制冷机启动次数和冰的融化；

（2）后处理车间合理使用热风炉，减少煤和电的用量；（3）污水车间较大水泵全部加装变频器，既节约用电又可以灵活控制水量大小；（4）锅炉房引风机增加变频器，控制进风量，减少用煤量和减少外排大气污染物；（5）锅炉烟道增加余热回收装置，将烟道气热量回收加热废水，减少蒸汽用量，降低了废水运行成本”。两者对比不难看出，前者在后者基础上都对应增加了一些具体数值表述，使公开的环境信息更详细、更具实质性。

与之不同，在这连续四年中，企业对环境战略方面的表述都是“公司深知环境保护是企业的社会责任之一。成立以来，积极响应政府号召，认真贯彻执行不以牺牲环境为代价换取短期经济利益的发展战略，大力开展环境保护工作，积极推进清洁化生产和循环型经济的发展目标”。因此可以认为，即使董事长获得“两会”资格后企业环保战略方面信息仍然没有明显变化。

四方达董事长方海江从 2013 年开始担任郑州市政协委员，在此之前并未有政府任职经历。在方海江任职政协之前，企业 2011 年和 2012 年年报和社会责任报告中提供的环境信息总量（EDI 指数）分别是 1 和 6；方海江在政协任职的当年（2013 年）和随后的一年（2014 年）EDI 指数分别是 7 和 9。可见，董事长获得政企关联关系后，虽然企业公开的环境信息量有所提高，但是并非大幅增加。

类似地，在 2011 年和 2012 年年报和社会责任报告中提供的能耗排放信息分别是 1 和 5；董事长获得“两会”资格当年和随后一年年报和社会责任报告中提供的能耗排放信息分别是 5 和 6，同样并未呈现大幅趋势。同时，在董事长获得“两会”资格前后，企业年报和社会责任报告中提供的环境战略信息也大致保持相同水平。

事实上，在观察窗口期年份四方达在年报中均未涉及有关环保相关信息的披露，但从 2012 年起四方达在各个年份中开始增加了独立的社会责任报告披露。在2012～2014年各个年份的社会责任报告中均有“环境保护与可持续发展”这个部分。各年份表述内容如下表5－1。

表5－1　四方达社会责任报告中环境信息披露内容的对比分析

年份	社会责任报告中环境信息披露内容
前2年（2011年）	无社会责任报告
前1年（2012年）	保护环境是人类可持续发展的关键。因此，公司将环境保护作为企业可持续发展战略的重要内容，高度重视环境保护和节能减排，大力发展循环经济，不断提高资源综合利用水平，切实推进企业与环境的可持续、和谐发展，公司生产过程中产生的少量污水、废气和固体废弃物，经有效处理后，均能做到无害化生产
当年（2013年）	保护环境是人类可持续发展的关键，因此，公司将环境保护作为企业可持续发展战略的重要内容，不断提高资源综合利用水平，切实推进企业与环境的可持续、和谐发展，公司生产过程中产生的少量污水、废气和固体废弃物，经有效处理后，均能做到无害化生产。 公司倡导低碳办公，努力减少办公环节对环境的影响。公司通过倡导节约办公用水、用电、外出尽可能使用公共交通、双面打印和A8无纸化办公等形式切实提高全员环保理念，在内部形成绿色和低碳的文化氛围，让绿色低碳理念融入员工的日常工作
后1年（2014年）	公司始终秉承“资源节约型、环境友好型、新材料、新技术、新工艺、新设备”原则，实现废弃物资源化、减量化处理，形成“资源利用－绿色产业－循环利用”的循环经济发展模式。公司生产过程中产生的少量污水、废气和固体废弃物，经有效处理后，均能做到无害化生产。公司通过增加安全环保基本投入，不断改善公司厂区自然环境和职业卫生健康环境，营造优美的安全生产环境。 公司积极开展节能减排建设，制定了《节能减排控制程序》，为公司能源资源利用提供文件指导，通过提高资源综合利用水平，切实推进企业与环境的可持续发展

从表5－1可以看出四方达公司在这几年涉及环境信息的披露都是用文字描述形式，在董事长获得“两会”资格后虽然涉

及环保内容的信息披露文字量上有所增加，但从实质内容上看没有明显提高，特别是涉及污染排放和能源消耗的内容并没有给出任何具体数值进行披露。对于环保战略的表述虽然在后面两年篇幅有所增加，都仍是比较宽泛的文字描述。

表5-2对两家公司的选择性环境信息披露策略变化进行了对比，从两家公司观察期连续4年的环境信息整体披露状况来看，竞争市场下的安诺其要明显好于垄断市场下的四方达。同样都是属于民营企业，不论是EDI指数还是能耗排放指数抑或是环境战略指数，安诺其都明显高于四方达。可见，市场竞争有利于推动民营企业提高信息披露水平。

表5-2　两家公司环境信息披露策略变化的对比分析

环境信息披露内容	年份	竞争市场	垄断市场
		安诺其	四方达
EDI指数	前2年	10	1
	前1年	7	6
	当年	39	7
	后1年	39	9
排放消耗指数	前2年	4	1
	前1年	2	5
	当年	17	5
	后1年	17	6
环境战略指数	前2年	2	0
	前1年	2	1
	当年	2	2
	后1年	2	2

就董事长获得“两会”资格后企业的反应不难看出，竞争市场下的安诺其在获得政企关联关系后提高了环境信息整体和能

耗排放方面信息的披露，但处于垄断市场下的四方达在通过董事长获得政企关联关系后，其披露策略没有发生明显变化。此外，不论哪个企业的环保战略信息披露质量在获得政企关联关系前后都没有明显变化。

四、研究发现

从长期态势看竞争市场民营企业的环境信息透明度状况普遍好于垄断市场民营企业。当民营企业获得政企关联关系后，竞争市场企业更可能会采用积极的态度，提高污染排放和能源消耗方面的信息披露质量，但垄断市场企业则不会明显改变之前的信息披露策略。此外，不论处于哪种市场，企业的环保战略信息披露质量在董事长获得“两会”资格前后均没有明显变化。

第三节　兴发集团与铜陵有色

本节旨在探索不同市场竞争结构中企业在被媒体进行负面环保报道后，政企关联关系如何影响企业的选择性环境信息披露决策。即探讨不同市场结构中企业在媒体披露前后几年的信息披露水平是否发生变化，政企关联因素是否会影响企业的选择性环境信息披露行为。

根据案例选择的典型性原则和极化类型原则，结合资料的现实可得性，最终选定了湖北兴发化工集团股份有限公司（简称“兴发集团”）和铜陵有色金属集团股份有限公司（简称“铜陵有色”）作为典型案例企业展开对比研究。兴发集团属于化学原料及化学制品制造业，该行业 2011 ~ 2017 年赫芬达尔指数平均值为 0.0403，属于竞争性较强的市场。铜陵有色金属集团股份有限公司属于有色金属冶炼及压延加工业，该行业 2011 ~ 2017

年赫芬达尔指数平均值为 0.1725，属于垄断性较强的市场。两个企业均属于国有企业，资产总规模均在 200 亿～300 亿元，企业董事长均存在政府任职背景，并且两家公司在考察期间均未发生董事长更换或重大股权变更。这样的两个样本选择在很大程度上控制了外部的干扰因素，其对比研究结果具有较好的说服力。

一、数据收集

研究中主要采用内容分析法进行数据收集。由于铜陵有色的负面报道发生在 2012 年，故选取了 2010～2013 年四年的年报和社会责任报告，围绕相关环保信息的语句进行内容分析（具体分析方法与前面章节分析方法一致）。兴发集团的负面报道发生在 2017 年，故选取了 2015～2018 年四年的年报和社会责任报告，围绕相关环境信息的语句进行内容分析。两家公司董事长个人任职背景资料来自公司年报。环境及媒体报道数据均通过百度网站人工采集而得。

二、案例企业简要信息

1. 兴发集团。

湖北兴发化工集团股份有限公司成立于 1994 年，是一家大型精细磷化工企业。公司以磷化工为主，经营范围包含磷化工系列产品及精细化工产品生产销售；二甲基亚砜的生产销售等。70% 的主导产品出口 30 多个国家和地区。公司董事长是李国璋，实际控制人是宜昌兴发集团有限责任公司，持有湖北兴发化工集团股份有限公司 24.22% 的股份，兴山县国资局持有湖北兴发化工集团股份有限公司 100% 的股份。

2. 铜陵有色。

铜陵有色金属集团股份有限公司 1992 年经安徽省体改委批准设立，1996 年 11 月公司在深圳证券交易所挂牌上市。主营业务包括铜、铁、硫矿采选，有色金属冶炼及压延加工，稀贵金属冶炼及压延加工等。公司控股股东为铜陵有色金属集团控股有限公司，其实际控制人为安徽省国有资产监督管理委员会，占铜陵有色金属集团控股有限公司注册资本的 81.69%。

三、案例分析

1. 兴发集团。

在案例观察窗口期公司董事长是李国璋，1966 年出生，研究生学历，正高级经济师，中共党员，第十一届、第十三届全国人大代表，享受国务院特殊津贴专家。1984 年参加工作，先后历任兴山县高阳镇镇长、兴山县县委常委等职，2006 年 5 月起任宜昌兴发集团有限责任公司董事长、党委书记。公司与政府存在关联关系，由于董事长担任了全国人大代表，因此认为企业存在高层政企关联关系。与此同时，由于董事长曾经担任了乡长、镇长、县委常委，因此认为企业同时存在低层政企关联关系。

2017 年 10 月 20 日证券时报、全景网同时报道了“兴发集团下属阳日化工厂化工装置将永久关停”的新闻。新闻报道提及鉴于目前国家环保监管形势日趋严格，公司拟对武山矿业下属阳日化工厂化工装置进行永久关停。报道共 216 字，对该事件当年未见媒体后续追踪报道。

2. 铜陵有色。

在案例观察窗口期公司董事长为韦江宏，1962 年出生，工商管理硕士，高级选矿工程师，2006 年 9 月当选中共铜陵市第八次党代会代表，第十一届、第十二全国人大代表。2003～2006 年在有色控股任总经理、党委副书记；2007 年 1 月任有色控股董事长、总经理、党委副书记；2010～2012 年任有色控股董事长、党委书记、总经理。由于公司董事长担任过全国人大代表，因此认为企业存在高层政企关联关系。由于韦江宏也担任过中共铜陵市第八次党代会代表，因此认为企业同时存在低层政企关联关系。

2012 年 1 月 12 日每日经济新闻、中国网同时报道了“铜陵有色下属公司排放硫磺烟”的新闻。新闻报道提及安徽省铜陵市国有企业铜陵有色污染严重，铜陵市民长期受其下属子公司硫磺烟困扰，但公司负责人说公司不存在污染，拿铜陵是重工业城市作为“挡箭牌”，但铜陵有色及其下属公司的环保问题在 2009～2011 年件已经被曝光多次。该报道共 4706 字，虽篇幅不少，但是对具体污染事件时间、地点和过程并未详细报道。同样对该事件在当年未见后续追踪报道。

3. 两家公司选择性环境信息披露策略变化的对比分析。

2017 年兴发集团被媒体进行负面环保报道之前，在 2015 年和 2016 年年报和社会责任报告中提供的相关环保信息总量（EDI 指数）分别是 14 和 17；负面环保报道当年（2017 年）和随后一年（2018 年）年报和社会责任报告中提供的相关环保信息总量都是 23。可见，媒体曝光后企业增加了环境信息披露整体质量。类似地，在 2015 年和 2016 年年报和社会责任报告中提供的污染排放和能源消耗方面的信息（能耗排放指数）分别是 3 和 5；负面环保报道当年和随后一年的年报和社会责任报告中提供的能耗排放相关信息分别是 11 和 9。媒体曝光后企业提高了排放消耗方面信息的披露量。然而，在 2015 年和 2016 年年报和社会责任报告中提供的环境战略方面的信息（环境战略指数）均为文字信息，分别是 1 和 2；负面环保报道当年和随后一年的年报和社会责任报告中提供的环境战略也仍为文字信息。2016 年年报中表述为“以绿色精细化工为基本发展方向……建成生态环保标杆企业、资源高效利用示范企业……社会责任关怀模范企业”，社会责任报告中表述到“公司始终坚持走绿色发展之路，按照减量化、再利用、资源化的原则，以资源高效循环利用和节能降耗减污为重点，以技术创新为支撑，形成了以‘创新中循环，循环中增效’为主要特色的循环经济发展模式，实现了节能减排与环保的双赢。”2017 年年报中表述与 2016 年一致，但在社会责任报告中仅仅表述为“公司牢固树立绿色发展理念”。可见媒体曝光后企业环保战略方面信息的披露有所减少。随后 2018 年年报中表述为“坚持生态优先、绿色发展理念……强化安全环保管理”，社会责任报告中表述为“牢固树立‘绿水青山就是金山银山’的发展理念，大力推进清洁生产，走出了生态优先、绿色发展的新路子”。可以认为被媒体曝光后，企业环保战略方面披露的信息仍然没有明显增加。

2012 年铜陵有色被媒体进行负面环保报道之前，在 2010 年和 2011 年年报和社会责任报告中 EDI 指数分别是 30 和 53；负面环保报道当年（2012 年）和随后一年（2013 年）的年报和社会责任报告中提供的相关环保信息总量分别是 45 和 46。可见，媒体对环保问题曝光后企业降低了信息披露水平。类似地，在 2015 年和 2016 年年报和社会责任报告中提供的能耗排放信息分别是 15 和 23；负面环保报道当年和随后一年的年报和社会责任报告中提供的能耗排放信息分别是 21 和 19，同样呈现出下降趋势。同时，在负面环保报道前后的年报和社会责任报告中提供的环境战略信息也有所下降。比如同样都是用文字表述的环保战略目标，2013 年表述为 140 个字“铜陵有色坚持以‘高效利用资源，贡献社会进步’为使命，立足企业实际，把握行业特点，大力建设生态矿山，发展绿色冶炼，推进节能减排，发展循环经济，努力争创环境友好型、资源节约型企业。公司坚持‘清洁生产，绿色生态’的环保理念，加强环境保护，推进节能减排和产业升级，努力增强可持续发展能力。”2012 年仅仅表述为 52 个字“公司坚持‘清洁生产，绿色生态’的环保理念，加强环境保护，推进节能减排和产业升级，努力增强可持续发展能力。”2011 年表述为 147 个字“公司坚持‘清洁生产，绿色生态’的环保理念，以建设‘生态矿山、绿色冶炼厂’为目标，进一步减少污染物排放，提高资源综合利用率、降低能耗，并大力发展循环经济，实现公司的经济效益和社会效益，保证公司的可持续发展。公司实现了与铜陵市政府签订的环境保护责任书目标，为打造‘铜陵山水生态城市’做出了积极贡献。”媒体报道当年提及的环保战略最为简单。于是可以认为媒体曝光后企业环保战略方面信息的披露有所减少。

表 5－3 对兴发集团和铜陵有色窗口期的信息披露策略进行了比较。从两家公司观察期连续 4 年的信息披露整体状况来看，垄断市场的铜陵有色要明显好于竞争市场的兴发集团。同样都是属于国有企业，不论是环境信息披露总指数还是能耗排放指数抑或是环境战略指数，铜陵有色都明显高于兴发集团。

表 5－3　　兴发集团和铜陵有色环境信息披露策略变化的对比分析

环境信息披露内容	年份	竞争市场	垄断市场
		兴发集团	铜陵有色
EDI 指数	前 2 年	14	30
	前 1 年	17	53
	当年	23	45
	后 1 年	23	46
排放消耗指数	前 2 年	3	15
	前 1 年	5	23
	当年	11	21
	后 1 年	9	19
环境战略指数	前 2 年	1	2
	前 1 年	2	2
	当年	1	1
	后 1 年	2	2

就媒体负面环保报道后企业的反应不难看出，竞争市场的兴发集团在环保问题被媒体曝光后在环境信息整体和能耗排放方面的信息披露略有提高，但垄断市场的铜陵有色在环保问题被媒体曝光后不仅没有提高这方面信息的披露，反而还有所降低。此外，不论哪个企业的环保战略信息披露质量在媒体曝光后不仅没有明显改善，反而在被曝光当年也都略有下降。

四、研究发现

从长期态势看垄断市场政企关联企业的环境信息透明度普遍好于竞争市场政企关联企业。但是一旦存在的环保问题被媒体曝光后，竞争市场政企关联企业更可能会采用积极的态度，提高污染排放和能源消耗方面的信息披露量，垄断市场政企关联企业则更倾向于选择保守的环境信息披露策略，降低有关污染排放和能源消耗方面内容的公开。此外，不论哪种市场中政企关联企业的环保战略信息披露质量在媒体曝光后不仅没有明显改善，反而在短期内略有下降。

第四节　三组案例的启示

前面三节分别选择方大化工与洛阳钼业、安诺其与四方达、兴发集团与铜陵有色三组典型企业进行了两两对比分析。这三组企业都是企业自身在微观层面发生了特定事件：或者是发生了最终控制权转移，或者是企业经营者进入了“两会”，导致“两会”资格发生变化，从而在企业与当地政府间建立起政企关联关系，或者是媒体对其进行了负面的环保报道。基于这些特定事件的发生，选择一个在竞争市场、一个在垄断市场的两家企业，在尽可能控制其他因素的影响下，进行案例对比分析，从动态视角揭示了特定事件发生前后，不同市场竞争结构中政企关联因素如何影响企业的选择性环境信息披露决策。这三组案例前两组是分别从最终控制权转移（产权层面）和经营者“两会”资格变化两个视角观察政企关联如何影响竞争市场和垄断市场企业的选择性环境信息披露行为，而第三组企业是在被媒体曝光了环保事件背景下，选择了在竞争市场和垄断市场中，存在政企关联企业进行对比，以此反映政企关联关系如何调整不同市场企业对媒体负面环保报道的反应。

通过三组企业的两两对比研究发现，国有企业的产权关联被阻断后，竞争市场的企业并不会明显增加信息披露量，而垄断市场企业会大幅增加信息披露量。当民营企业获得政企关联关系后，较之于垄断市场企业，竞争市场企业更可能会采用积极的信息披露策略。环保问题被媒体曝光后，竞争市场政企关联企业更可能会采用积极的态度，但垄断市场政企关联企业则更倾向于选择保守的策略，并且不论哪种市场中，企业的环保战略信息披露质量在短期内略有下降。由此可见，竞争市场中政府推动效应表现突出；垄断市场政企关联带来的保护作用显著，政府抑制效应挤占效果明显；面对媒体负面报道，企业会在短期内减少环境责任的粉饰行为。

上述研究结果提示，环保监督部门应高度关注地方政府对下属关联企业环境污染行为的“庇护”，以及企业在信息披露中的操控与“粉饰”行为。在今后的监督执法过程中，要特别注意对垄断行业政企关联企业的监督，防范某些政企关联企业对履行环保责任抱有侥幸心理，对于企业避重就轻的信息披露行为予以及时识别并纠正。

此外，研究结果还提示，引入竞争机制与降低政企关联关系都有利于实质性地提高企业的环境信息披露质量。在经济活动中适当减少政府干预，强化市场机制在资源分配领域的作用，以及加强媒体等非正式环境规制的监督机制是推动企业切实履行环境责任的有效途径。建立有效的监督机制对政府干预企业经济活动的过程进行监督，力争做到整个过程的公平、公开、公正，降低企业与政府官员之间“合谋”的可能性，这也可以作为今后努力的方向之一。

第五节　本章小结

本章选择了方大化工与洛阳钼业、安诺其与四方达、兴发集团与铜陵有色三组典型企业进行了两两对比分析，分别从控制权转移、企业高管身份变化和媒体负面环保报道三个动态视角，分析了不同市场结构中政企关联关系对企业选择性环境信息披露行为的影响。研究表明，国有企业民营化后，不管是在排放消耗方面还是环保战略方面，竞争市场企业并不会明显增加信息披露量，但是垄断市场企业会大幅增加信息披露量。当民营企业高管获得“两会”资格后，竞争市场企业更可能会采用积极的态度，提高污染排放和能源消耗方面的信息披露质量，但垄断市场企业则不会明显改变之前的信息披露策略。不论哪种市场中企业的环保战略信息披露质量均没有明显变化。环保问题被媒体曝光后，在污染排放和能源消耗方面，竞争市场企业更可能会采用积极的态度，而垄断市场企业则更倾向于选择保守的披露策略，不论哪种市场中企业的环保战略信息披露质量在媒体曝光后的短期内略有下降。由此可见，三组典型企业的案例分析结果印证了前文回归分析结果。

第六章　主要研究结论与政策建议

第一节　主要研究结论

由于现阶段我国政府对企业环境信息公开内容要求并不明确，企业在披露具体内容时有一定选择权，本课题立足于企业这种选择性环境信息披露行为，围绕“政府干预”“市场竞争”等现实问题，主要从产权属性和企业高管个人任职背景两个层面刻画政企关联关系，系统分析了不同市场竞争结构中政企关联对企业选择性环境信息披露行为的影响作用，不仅从理论上阐述了市场与政府对企业选择性环境信息披露行为的双重影响效应，拓展了现有环境信息披露理论，而且在实践上为政府科学引导企业切实认真履行保护环境的社会责任提供了决策参考。研究的主要结论如下：

第一，新《环保法》实施后垄断央企在公开环境信息方面发挥了示范效应；高管身份因素的影响作用在民营企业表现更明显；低层政企关联因素将导致企业依赖于软环境信息粉饰环境责任，而高层政企关联因素有助于推动企业从硬环境信息方面做实质性改进。新《环保法》实施后，就民营企业而言，市场竞争环境有助于快速激发政企关联的推动效应，但是高层政企关联因素会弱化这种推动效应；短期内虽然不同企业应对措施存在差异，但是长期来看有着良好的预期。

第二，国有企业转变为非国有企业后，竞争市场企业环境信息披露水平（特别是能耗排放方面）有所下降，而垄断市场企业的信息披露状况有全面实质性改善；非国有企业转变为国有企业后，企业的披露策略没有发生显著变化。市场竞争推动民营企业在高管获得“两会”资格后提高能耗排放等方面的信息披露水平。仅在深度报道和增加报道频次时媒体才能较好发挥监督作用，并且这个作用在竞争市场表现更明显。强竞争环境中国有企业和高管高层政企关联企业对媒体负面报道更敏感。媒体曝光污染源种类差异对企业的披露决策没有明显影响。

第三，上述研究成果提示，现阶段不论是竞争市场还是垄断市场，政企关联带来的抑制保护效应都存在着较大的影响作用；在没有政企关联的条件下，垄断市场的市场推动效应能更好地得到体现，因此垄断市场要弱化政企关联才能更好地推动企业履行环保责任；强竞争市场和政企关联（主要是国有企业和高管高层政企关联企业）有利于发挥媒体监督效用。当面对新《环保法》实施的强大冲击时，政企关联（特别是高层政企关联）和市场垄断更能在短时间内相互强化彼此的推动效应；就民营企业的应对情况而言，市场竞争环境能快速激发政企关联的推动效应，但高层政企关联因素会弱化这种推动效应；新《环保法》实施短期内虽然不同企业应对措施有差异，但是长期来看有着良好的预期。

第二节　政策建议

针对上述主要研究结论，本书提出如下几点政策建议：

1. 政府部门制定并实施重污染企业环境信息公开统一标准。企业环境信息公开统一标准主要包括环境政策、环境风险、资源回收、环境保护设施的建设和运营、碳信息和减少污染技术的应用等。统一的企业环境信息公开标准不仅有利于企业有意识地规范其披露环境信息的内容，提高环境信息公开的质量，而且有利于提高不同公司之间环境信息公开的可比性，有利于政府的监督控制。

2. 在新《环保法》中补充具体的惩罚和/或激励措施，增强对信息披露质量的把控与审计，以应对信息披露中的虚假披露和人为操纵行为。

从完善新《环保法》角度看，新《环保法》实施后企业的确提高了信息披露水平，特别是其中有关污染排放的论述较之前更充分。可见政府从立法层面强化企业的环境责任是行之有效的。然而也要看到，2015 年出台的新《环保法》虽然在“第五章信息公开和公众参与”部分的第五十五条对企业的披露内容较之前的法规有了进一步明确规范，但是总体上在披露的格式和内容细节等方面仍留有不少人为操作空间，企业的选择性较强。为了保证披露水平、确保相应条款的实施效果，相关部门应尽快完善具体规范，以减少信息披露中的人为操纵因素。此外还需在新《环保法》中补充具体的惩罚和/或激励措施，以应对信息披露中的虚假披露和人为操纵行为。

与此同时，通过环境审计促进企业认真履行环境责任，如实披露环境信息。要防止其信息披露的形式化，加强其实质性披露（张琛，2019）。重污染行业的国有企业，可以由国资委的相关部门审计其披露内容；对于上市公司，则由证监会的相关部门审计其信息披露质量。区分环境信息类型，关注企业所披露的可测量和检验的定量环境信息，而不是那些难以界定和验证的定性信息。

3. 推动企业全面理解环保责任，重视制度建设。

现阶段大多数企业理解的“搞好环保”，就是增加环保投入、降低污染排放、明确环保战略，而对如何具体将环保责任落实到制度层面进行管理的认识还有待提高。各级政府、媒体与社会公众应推动企业全面理解环保责任，重视制度建设，将环保责任具体落实到制度层面。

4. 媒体应该加强对环保污染事件的全面和追踪报道，以增强治理效果。

虽然媒体报道可以促进公众对环境信息的传播，提高公众对环境问题的认识，加强资本市场对环境违法行为的惩罚性反应，但是在环保部门披露的环境罚款信息中，媒体报道并不多见（方颖和郭俊杰，2018）。特别是对企业存在的环保问题，媒体应该加强全面和追踪报道，以增强治理效果，达到对企业环境污染行为的监督。由于媒体曝光的频次和深度存在一定替代效应，因此在无法做到全面报道情况下，媒体可以考虑增加曝光频率以达到良好的监督效果。

5. 控制媒体与公司之间的串通行为。

媒体作为企业和利益相关者的信息中介，必须努力展现其专业能力和独立性。首先，媒体报道应保持中立、公正，并尊重真相。也就是说，媒体不能与公司串通。例如，通过私下交流达成共识，增加有关公司财务方面的正面报告数量，而隐瞒环境污染的负面消息或故意延迟负面环保新闻的报道。其次，有必要提高媒体的专业水平，以提高报道的可信度，对企业的财务和非财务信息都进行准确的报告。

6. 提高环保处罚力度。

在立法指导思想上，进一步确立环境责任机制，不仅要严格执行环保违法处罚措施，而且要加大环境违法处罚力度，使污染企业无法从环保违法活动中获得足够的经济补偿。严厉的环保处罚，不仅从经济上惩戒了环境违法企业，还能够给资本市场传达环境违法企业的“高环境风险”信号。这样同时从行政和金融市场两条途径实施惩罚，以约束企业的环保行为。

7. 尽快扭转地方政府“发展与环境不能双赢”的观念。

在原来的粗放式增长模式下，经济发展与环境保护之间存在一定的冲突。但是在提高生产技术、优化产业结构、转变经济增长方式背景下，实现环境保护和经济发展相互促进，协调发展是可行的（Chen，2020）。

8. 打破行业垄断，建立公平、有序的竞争机制，增强企业认真履行环保责任的经济动力。

市场竞争有助于强化媒体的治理功能，有利于推动企业公开环保信息，对曝光的环保问题进行切实整改。打破行业垄断，建立公平、有序的竞争机制能增强企业认真履行环保责任的经济动力。环保部门应联合多部门执法，提高对大型垄断企业环保惩处力度，同时引入激励性规制，以增强企业的竞争压力和追求效率的动力。完善绿色证券、绿色信贷等政策，以经济杠杆撬动企业的环保意识，克服经济动力不足导致的“惰性”。比如，效仿美国“超级基金”的做法，将环境税收作为水污染物处理技术投入、应对突发情况以及扶持污染企业减排的专项资金，做到专款专用。通过规范和完善绿色信贷规制，加强绿色金融产品在培育和发展清洁生产技术动能方面的作用，为企业提供内在动力和持续激励，推动企业进行绿色技术研发。

9. 区别对待高层政府和低层政府对企业环境污染行为的不同态度，推动政企关系朝良性方向发展。

地方政府和中央政府对待环保态度有差异，高层政府注重环保责任实质提高，而低层地方政府对企业环保责任往往是“不作为”，更多仍停留于空泛的形式主义。由此可见，强化低层地方政府监督企业认真履行环保义务的责任，在环境保护方面有着重要作用，是现阶段促进企业改善环保状态的有效途径之一。环境监管部门要充分重视低层政府对企业环境污染行为的不作为与保护现象，不仅要对污染企业“问责”，更要将低层政府纳入“问责”对象，工作思路从“督企”向“督政”转变。

由于部分地方政府对其关联企业履行环保责任仍存在“保护效应”，因此企业与低层政府之间的关联关系或多或少都抑制了企业认真履行环保责任的积极性。地方政府工作重点应该是通过严格的环境监管与执法，引导辖区内企业认真履行环保责任，而不能等企业出现环保违法后对违法企业进行袒护。此外，在某些情况下，民营企业高管获得“两会”资格将有助于推动企业更好履行环保责任。因此，现阶段政企关系在环保责任落实上扮演了重要角色，监管部门要推动政企关系朝良性方向发展，同时积极开拓民营企业家参政议政的渠道，提高民营企业主动承担环保责任的积极性。

10. 增强公众环保意识，推动企业绿色发展。

应强化公众环境保护参与意识，牢固树立绿色发展理念，关注企业环境信息，准确辨识企业环境表现，积极参与环境保护和监督行动。与此同时，政府也要赋予基层民众监督企业履行环保责任的权力，拓展基层民众参与环保监督的渠道，从而形成绿色发展的生产和生活方式。

附录1 企业环境信息披露内容指数体系介绍

结合专家咨询建议和前期相关研究文献，本课题依据最新版国际通用的《可持续发展报告指南》GRI（G 4.0）和中华人民共和国国家环境保护标准《企业环境报告书编制导则》（HJ617－2011）和《上市公司环境信息披露指南》（2010），构建了企业环境信息指数指标体系。附表1－1中列出了具体指标体系内容，并将各项内容与GRI（G 4.0）、HJ617－2011和《上市公司环境信息披露指南》（2010）进行逐一对应。

附表1－1　　企业环境信息披露内容指数体系

一级指标	二级指标	GRI（G4.0）	HJ617－2011	上市公司环境信息披露指南（2010）
战略与分析	机构最高决策者（如CEO、董事长）就环保发展战略的声明	G4－1	6.1.1	十（一）
	描述机构对环境和社会责任方面的重要影响，以及相关的挑战和机遇	G4－2	6.1.5	九（八）
	企业环境方针、发展战略以及环境经营的主要途径及目标		6.1.2 6.1.3	十（二）

续表

一级指标	二级指标	GRI（G4.0）	HJ617－2011	上市公司环境信息披露指南（2010）
环境管理状况	开展环境经营的领域及实施项目以及环保目标完成情况		6.4.1 6.3.1.3	
	ENPERF14001 环境管理体系认证及实施状况		6.3.1.4	十（三）
	环境标志产品认证情况		6.3.1.5	十（三）
	与环保相关的教育及培训情况		6.3.1.6	十（五）
	环保荣誉和奖励情况		6.3.1.6	十（三）
	企业环境保护设施的稳定运行情况和运行数据		6.4.2.5	
	环保活动费用		6.4.3.1	九（六）
	环保活动所产生的环境与经济效益		6.4.3.2 6.4.3.3	
	环境管理制度		6.3.1.1 6.3.1.2	十（二）
对外部倡议的承诺	机构参与或支持的外界发起的环境公约、原则或其他倡议以及加入的环保协会和国家或国际性倡议机构	G4－15 G4－16		
鉴证	机构为报告寻求外部鉴证的政策和目前的做法	G4－33		
治理架构和组成	负责环境决策的委员会或机构	G4－34		
	是否任命了高管负责环境议题，他们是否直接向最高治理机构汇报	G4－36		
	管理结构及环境管理体制和管理制度		6.3.1.1 6.3.1.2	十（二）

续表

一级指标	二级指标	GRI（G4.0）	HJ617－2011	上市公司环境信息披露指南（2010）
薪酬和激励	说明薪酬政策中的绩效标准如何与最高治理机构和高级管理人员的经济、环境和社会目标相关联	G4－51		
物料	所用物料的量	G4－EN1	6.5.7	九（五） 十（四）
能源	采用经循环再造物料的百分比	G4－EN2		
	机构内部的能源消耗量	G4－EN3	6.5.3	九（五） 十（四）
	机构外部的能源消耗量	G4－EN4	6.5.3	九（五） 十（四）
	能源强度	G4－EN5		
	减少的能源消耗量	G4－EN6	6.5.3	九（五） 十（四）
	产品和服务所需能源的降低	G4－EN7		
水	总耗水量	G4－EN8	6.5.7	九（五） 十（四）
	循环及再利用水的百分比及总量	G4－EN10	6.5.7	九（五） 十（四）
生物多样性	机构的活动在生物多样性方面的影响	G4－EN11 G4－EN12 G4－EN13 G4－EN14		

续表

一级指标	二级指标	GRI（G4.0）	HJ617－2011	上市公司环境信息披露指南（2010）
废气排放	直接和间接温室气体排放量（范畴一、二、三）	G4－EN15 G4－EN16 G4－EN17		
	温室气体排放强度	G4－EN18	6.5.4 6.5.5	九（五） 十（四）
	减少的温室气体排放量	G4－EN19	6.5.4 6.5.5	九（五） 十（四）
	臭氧消耗物质 ODS 的排放		6.5.4 6.5.5	
	氮氧化物硫氧化物和其他主要气体的排放量		6.5.4 6.5.5	
污水和废弃物	污水排放总量	G4－EN22	6.5.8	九（五）
	废弃物总重量	G4－EN23	6.5.10	九（四） 十（四）
	严重泄漏的总次数及总量	G4－EN24		
危险化学品管理	危险化学品管理		6.5.11	
噪声污染状况及控制措施	噪声污染状况及控制措施		6.5.12	九（三） 十（四）
产品和服务	降低产品和服务环境影响的程度	G4－EN27	6.5.2.4	
	回收售出产品及其包装物料的百分比	G4－EN28	6.5.2.3	九（四）

续表

一级指标	二级指标	GRI（G4.0）	HJ617－2011	上市公司环境信息披露指南（2010）
合规	违反环境法律法规被处重大罚款的金额，以及所受非经济处罚的次数	G4－EN29	6.3.3.1 6.3.3.2 3.3.3.4	九（一）
	“三同时”制度执行情况		6.3.3.5	九（二）
交通运输	为机构运营而运输产品、其他货物及物料以及员工交通所产生的重大环境影响	G4－EN30	6.5.6	
整体情况	总环保支出及投资	G4－EN31		
	产品节能降耗、有毒有害物质替代等方面的研发情况		6.5.1.4	九（五）
供应商环境评估	使用环境标准筛选的新供应商的比例	G4－EN32	6.5.1.5	
	供应链对环境的重大实际和潜在负面影响，以及采取的措施	G4－EN33	6.5.13	
环境问题申诉机制	经由正式申诉机制提交、处理和解决的环境影响申诉的数量	G4－EN34		
其他利益相关者关系	劳动者劳动环境改善		6.6.2	
	环境信息公开及交流情况	G4－2	6.3.2	十（三） 十（五）

附录 2　稳健性检验结果

附表 2-1　产权类型和市场竞争对选择性环境信息披露影响的截面分析（稳健性检验）

变量	*HARDEDI*（1）	*SOFTEDI*（2）	*HARDEDI*（3）	*SOFTEDI*（4）
Herf	-0.586 (1.294)	0.117 (0.450)	-1.579 (1.493)	0.622 (0.576)
Herf × *Ucd*1			9.115** (3.667)	0.829 (0.830)
Herf × *Ucd*3			-1.617 (1.561)	-1.558** (0.694)
Sizerob	3.001*** (0.504)	0.714*** (0.172)	2.589*** (0.502)	0.590*** (0.184)
Roa	-20.060** (8.016)	-3.562 (2.902)	-15.340* (8.368)	-2.126 (2.877)
Finliquidity	10.730** (4.617)	2.067 (1.762)	9.855** (4.688)	2.479 (1.799)
Finrisk	3.075 (3.230)	0.474 (1.073)	0.469 (3.080)	-0.022 (1.120)

续表

变量	*HARDEDI*（1）	*SOFTEDI*（2）	*HARDEDI*（3）	*SOFTEDI*（4）
Capintensity	-92.150 ** (46.450)	6.604 (17.950)	-47.710 (47.160)	15.480 (18.720)
Salegrowth	-2.833 *** (1.071)	-0.492 ** (0.204)	-2.763 ** (1.103)	-0.531 *** (0.195)
Makrob	0.044 (0.073)	-0.000③ (0.025)	0.080 (0.067)	-0.003 (0.026)
Iso	4.896 *** (1.698)	1.109 ** (0.495)	3.600 ** (1.680)	0.814 (0.499)
控制变量	已控制	已控制	已控制	已控制
常数项	-60.260 *** (11.07)	-12.120 *** (3.745)	-50.770 *** (10.85)	-9.154 ** (4.071)
F 值	8.320 ***	6.090 ***	9.450 ***	6.280 ***
样本量	201	201	201	201
R^2/*Pseudo* R^2	0.057	0.229	0.072	0.266

注：①考虑到可能存在的异方差影响，各模型都进行了稳健性（robust）处理，表中括号内为稳健标准差；

② *** 表示 $p<0.01$，** 表示 $p<0.05$，* 表示 $p<0.10$；

③该结果为四舍五入保留小数点后 3 位数的结果。

附表 2-2　市场竞争对选择性环境信息披露影响的截面数据对比分析：高管政企关联的调节作用（稳健性检验）

变量	国有企业				民营企业			
	HARDEDI（1）	*SOFTEDI*（2）	*HARDEDI*（3）	*SOFTEDI*（4）	*HARDEDI*（5）	*SOFTEDI*（6）	*HARDEDI*（7）	*SOFTEDI*（8）
Herf	1.383	1.596***	0.344	1.464**	-3.194***	-1.429**	-4.389***	-2.079***
	(2.044)	(0.537)	(2.527)	(0.603)	(1.047)	(0.657)	(1.101)	(0.729)
Herf × *PchROB*			0.214	-0.043			1.402**	0.160
			(1.531)	(0.482)			(0.660)	(0.423)
Herf × *PclROB*			4.219	0.657			0.257	0.931**
			(2.553)	(0.579)			(0.791)	(0.417)
Sizerob	2.524***	0.406**	2.417***	0.390**	2.976***	1.333***	2.712***	1.245***
	(0.627)	(0.194)	(0.607)	(0.194)	(0.648)	(0.353)	(0.604)	(0.332)
Roa	-12.440	-3.979	-13.610	-4.066	-15.260	-5.971	-14.540	-5.012
	(16.600)	(4.293)	(17.380)	(4.435)	(9.287)	(3.616)	(8.991)	(3.769)
Finliquidity	14.290	5.324	16.510	5.714*	4.625	2.147	3.086	1.824
	(10.190)	(3.240)	(10.590)	(3.330)	(3.935)	(2.595)	(4.099)	(2.749)
Finrisk	6.787	-2.757	7.024	-2.717	-4.251	0.289	-2.852	0.950
	(6.864)	(1.872)	(6.993)	(1.927)	(2.892)	(1.521)	(2.609)	(1.512)
Capintensity	-105.300	94.740***	-102.600	95.290***	-55.120	-31.610	-53.350	-30.510
	(105.500)	(33.350)	(105.600)	(33.830)	(35.910)	(21.660)	(35.690)	(22.980)

续表

变量	国有企业				民营企业			
	HARDEDI (1)	*SOFTEDI* (2)	*HARDEDI* (3)	*SOFTEDI* (4)	*HARDEDI* (5)	*SOFTEDI* (6)	*HARDEDI* (7)	*SOFTEDI* (8)
Salegrowth	-3.245*	-0.593***	-2.594	-0.531**	-2.135*	0.178	-1.539	0.408
	(1.804)	(0.197)	(1.835)	(0.217)	(1.121)	(0.744)	(1.041)	(0.753)
Makrob	0.004	-0.007	0.041	-0.002	0.054	-0.006	0.059	-0.003
	(0.122)	(0.0331)	(0.125)	(0.034)	(0.067)	(0.037)	(0.063)	(0.035)
Iso	5.417**	0.009	5.716**	0.047	2.639*	1.999**	2.699*	1.790**
	(2.500)	(0.619)	(2.530)	(0.627)	(1.392)	(0.767)	(1.388)	(0.720)
Enev	4.210**	1.779***	4.584**	1.839***	2.414*	-0.0921	2.519*	-0.235
	(2.118)	(0.592)	(2.053)	(0.595)	(1.435)	(0.873)	(1.398)	(0.858)
常数项	-51.380***	-5.299	-50.010***	-5.114	-55.620***	-24.330***	-50.450***	-22.600***
	(14.170)	(4.362)	(13.930)	(4.351)	(13.820)	(7.891)	(12.900)	(7.358)
F 值	5.970***	6.450***	4.580***	5.820***	8.300***	4.790***	7.660***	4.560***
样本量	120	120	120	120	81	81	81	81
R^2/*Pseudo* R^2	0.044	0.302	0.047	0.308	0.098	0.304	0.111	0.342

注：①考虑到可能存在的异方差影响，各模型都进行了 robust 处理，表中括号内为稳健标准差；

②剔除当年发生了控股权变更和高管更换的企业；

③ *** 表示 $p<0.010$，** 表示 $p<0.050$，* 表示 $p<0.100$。

附表 2-3　不同市场结构中高管政企关联对选择性环境信息披露影响的纵向数据对比分析（稳健检验）

	2012 年平均值（中位数）②	2015 年平均值（中位数）②	平均值差异 T 值（diff≠）③	中位数差异 Z 值④	样本量⑤
Panel　A 高管政企关联企业					
HARDEDI					
垄断	10.833 8.000	13.974 10.000	-1.707* 0.090	-2.357* 0.018	96 78
竞争	11.711 7.500	11.737 10.000	-0.014 0.989	-1.421 0.155	90 76
SOFTEDI					
垄断	4.063 3.000	6.064 6.000	-4.025*** 0.000	-4.179*** 0.000	96 78
竞争	3.944 4.000	5.000 5.000	-2.444** 0.016	-2.309** 0.021	90 76
Panel　B 非高管政企关联企业					
HARDEDI					
垄断	3.929 5.000	3.583 3.000	0.302 0.764	0.491 0.624	14 24
竞争	4.777 4.000	8.273 7.000	-1.473 0.158	-1.182 0.237	9 11
SOFTEDI					
垄断	1.643 2.000	2.708 2.000	-1.828* 0.076	-1.369 0.171	14 24
竞争	2.778 3.000	5.182 5.000	-1.787* 0.091	-1.077 0.281	9 11

注：① *** 表示 $p<0.010$，** 表示 $p<0.050$，* 表示 $p<0.100$；当平均数与中位数的检验不完全一致时，理论上一般认为中位数的检验结果更准确。

②上面一行数据为平均值，下面一行数据为中位数。

③采用 T 检验检验了不同年份相应指标的平均值是否相等，上面一行是 T 值，下面一行是显著性水平，标注的显著性水平是两年均值之差小于 0 的检验结果。

④采用 Wilcoxon 秩和检验检验了不同年份相应指标的中位数是否相等，上面一行是 Z 值，下面一行是显著性水平。

⑤剔除当年发生了控股权变更和高管更换的企业。

附表 2-4　新《环保法》实施前后企业环境信息披露行为对比分析（稳健性检验）

变量	当年		一年后	
	垄断	竞争	垄断	竞争
	EDI（1）	*EDI*（2）	*EDI*（3）	*EDI*（4）
Pc	0.878	8.803*	0.926	6.194
	(1.963)	(4.934)	(2.264)	(5.417)
After	0.400	5.941*	8.916***	9.312**
	(1.433)	(3.250)	(2.613)	(4.519)
Pc × *After*	3.822	-14.73**	4.976	-6.594
	(2.730)	(5.996)	(3.846)	(7.301)
控制变量	已控制	已控制	已控制	已控制
常数项	-46.71***	-63.82***	-83.63***	-64.62**
	(11.73)	(22.69)	(23.02)	(28.65)
F 值	9.03***	3.36***	12.72***	12.92***
样本量	110	76	112	76

注：①*、**、*** 分别表示在 10%、5%、1% 水平上显著；

②采用 OLS 回归，并考虑了公司层面的聚类效应，括号内报告稳健标准差（Robust Standard Errors）。

附表 2－5　新《环保法》实施后不同层级政企关联企业环境信息披露行为对比分析（稳健性检验）

变量	当年				一年后			
	垄断	垄断	竞争	竞争	垄断	垄断	竞争	竞争
	EDI（1）	*EDI*（2）	*EDI*（3）	*EDI*（4）	*EDI*（5）	*EDI*（6）	*EDI*（7）	*EDI*（8）
Hpc	－0.458		13.88 *		－0.694		16.99 **	
	（2.637）		（7.047）		（2.697）		（7.619）	
After	－0.262	2.863	3.168	0.983	8.260 ***	11.81 ***	8.614 **	11.66 *
	（1.470）	（2.120）	（2.421）	（5.096）	（2.523）	（3.524）	（3.382）	（6.093）
Hpc × *After*	4.832		－12.34 *		6.861		－5.769	
	（3.353）		（6.809）		（4.130）		（9.216）	
Lpc		3.253		－4.252		1.525		－5.136
		（2.797）		（4.351）		（3.167）		（4.643）
Lpc × *After*		－2.150		－0.630		－2.891		－3.673
		（4.125）		（5.431）		（5.219）		（6.373）
控制变量	已控制	已控制	已控制	已控制	已控制	已控制	已控制	已控制
常数项	－43.77 ***	－51.95 ***	－52.61 **	－55.70 *	－76.99 ***	－64.73 **	－36.97	－30.53
	（12.34）	（16.78）	（22.89）	（30.86）	（22.87）	（32.06）	（27.93）	（32.08）
F 值	7.73	7.15	3.67	4.71	12.67	6.48	12.54	12.36
样本量	110	74	76	86	112	74	76	86

注：① *、**、*** 分别表示在 10%、5%、1% 水平上显著；
②采用 OLS 回归，并考虑了公司层面的聚类效应，括号内报告稳健标准差（Robust Standard Errors）。

附表 2-6　新《环保法》实施后政企关联对企业环境战略和污染排放披露行为的影响分析（稳健性检验）

变量	当年				一年后			
	垄断	垄断	竞争	竞争	垄断	垄断	竞争	竞争
	ES（1）	*EE*（2）	*ES*（3）	*EE*（4）	*ES*（5）	*EE*（6）	*ES*（7）	*EE*（8）
Pc	0.429	2.293	0.270	9.640*	0.287	2.823	-0.0264	6.507
	(0.408)	(2.144)	(0.668)	(4.837)	(0.342)	(2.183)	(0.517)	(3.909)
After	0.352	-0.256	1.273*	6.157	0.0907	5.817***	0.185	8.377**
	(0.401)	(1.949)	(0.648)	(4.336)	(0.298)	(2.206)	(0.569)	(3.518)
Pc×*After*	0.179	-0.858	-1.115	-15.13**	0.167	-1.038	0.501	-7.213
	(0.581)	(2.604)	(0.874)	(6.446)	(0.432)	(2.568)	(0.718)	(4.505)
控制变量	已控制	已控制	已控制	已控制	已控制	已控制	已控制	已控制
常数项	-7.505***	-35.03***	-9.986**	-50.78*	-7.305***	-41.99***	-9.391**	-37.97*
	(2.565)	(11.59)	(4.253)	(27.84)	(2.206)	(12.05)	(4.109)	(19.13)
F 值	2.60***	2.00**	2.51**	1.97*	4.11***	3.54***	1.82*	3.37***
样本量	110	110	76	76	112	112	76	76

注：①*、**、*** 分别表示在 10%、5%、1% 水平上显著；

②采用 OLS 回归，并考虑了公司层面的聚类效应，括号内报告稳健标准差（Robust Standard Errors）。

附表 2-7　　新《环保法》实施后企业环境信息披露增长量对比分析（稳健性检验）

变量	当年				一年后			
	垄断	垄断	竞争	竞争	垄断	垄断	竞争	竞争
	REDIdif（1）	*REDIdif*（2）	*REDIdif*（3）	*REDIdif*（4）	*EDIdif*（5）	*EDIdif*（6）	*EDIdif*（7）	*EDIdif*（8）
Pc	-1.497 （7.307）		11.87 （8.914）		-0.968 （2.724）		0.936 （3.258）	
Hpc		7.263 （8.847）		12.38 （11.93）		2.677 （2.775）		5.017 （3.670）
Lpc		-17.77** （8.691）		1.932 （9.823）		-6.383** （3.005）		-1.382 （3.428）
控制变量	已控制	已控制	已控制	已控制	已控制	已控制	已控制	已控制
常数项	-105.8 （86.69）	-83.32 （86.42）	-128.8 （92.85）	-117.3 （103.4）	-51.71* （26.89）	-43.89* （25.50）	7.726 （36.30）	4.597 （38.15）
F 值	6.00***	5.69***	7.55***	6.46***	2.25**	2.77**	3.86***	3.13***
R^2	0.225	0.283	0.302	0.302	0.233	0.303	0.392	0.379
样本量	60	60	50	50	60	60	50	50

注：①*、**、*** 分别表示在 10%、5%、1% 水平上显著；

②剔除了在相应年度发生过政企关联关系变化的企业，采用 OLS/Rank Regression 回归，并考虑了公司层面的聚类效应，括号内报告稳健标准差（Robust Standard Errors）。

附表 2-8　控制权关系转移前后企业环境信息披露整体质量的对比分析（面板数据固定效应）

变量	垄断	竞争
	面板数据固定效应模型	面板数据固定效应模型
	EDI（1）	*EDI*（2）
DID （*After* × *Group*1）	1.526 （1.499）	3.350** （1.432）
After	2.012* （1.107）	1.942 （1.439）
*Group*1	—	—
控制变量	已控制	已控制
事件发生年份	已控制	已控制
行业固定效应	已控制	已控制
常数项	-69.522* （35.363）	-34.606 （25.691）
样本量	334	320
R^2	0.237	0.129

注：①***、**、*分别表示双尾检验的统计显著水平为1%、5%、10%；
②括号内为稳健标准差；
③由于采用的是面板数据固定效应模型，有鉴于多重共线性问题，实验分组变量未能进入回归模型。

附表 2-9 控制权转移类型对企业各类环境信息披露指数的影响分析（面板数据固定效应）

变量	垄断市场国有企业	垄断市场国有企业	垄断市场国有企业	竞争市场国有企业	竞争市场国有企业	竞争市场国有企业	垄断市场非国有企业	垄断市场非国有企业	垄断市场非国有企业	竞争市场非国有企业	竞争市场非国有企业	竞争市场非国有企业
	面板数据固定效应	面板数据固定效应	面板数据固定效应	面板数据固定效应	面板数据固定效应	面板数据固定效应	面板数据固定效应	面板数据固定效应	面板数据固定效应	面板数据固定效应	面板数据固定效应	面板数据固定效应
	EDI（1）	*ES*（2）	*EE*（3）	*EDI*（4）	*ES*（5）	*EE*（6）	*EDI*（7）	*ES*（8）	*EE*（9）	*EDI*（10）	*ES*（11）	*EE*（12）
DDD（*After* × *Group*1 × *Type*）	10.070 **	1.352 **	4.458 *	-11.223 **	-0.018	-6.052 **	-5.503	-0.878	-4.252	-1.660	1.499 **	-3.388
	(3.899)	(0.532)	(2.277)	(4.332)	(0.657)	(2.953)	(3.879)	(0.821)	(2.988)	(7.761)	(0.741)	(4.922)
After × *Group*1	0.696	-0.142	0.645	10.934 ***	0.967 *	5.916 **	1.646	-0.022	1.285	1.958	0.234	-1.501
	(2.713)	(0.417)	(1.455)	(3.645)	(0.500)	(2.359)	(2.422)	(0.480)	(1.534)	(2.223)	(0.384)	(1.267)
After × *Type*	-1.845	-0.248	-0.850	6.415 **	0.434	2.022	2.805	0.274	1.898	-5.034	-1.728 ***	-0.621
	(1.839)	(0.242)	(1.350)	(3.030)	(0.370)	(1.956)	(1.841)	(0.656)	(1.958)	(6.858)	(0.625)	(4.531)
*Group*1 × *Type*	—	—	—	—	—	—	—	—	—	—	—	—
After	1.235	0.241	1.030	-2.299	-0.230	-1.484	3.305 *	0.144	1.848 **	1.570	-0.251	2.468 **
	(1.713)	(0.270)	(1.013)	(3.018)	(0.407)	(1.887)	(1.868)	(0.333)	(0.879)	(1.883)	(0.377)	(1.153)
*Group*1	—	—	—	—	—	—	—	—	—	—	—	—
Type	—	—	—	—	—	—	—	—	—	—	—	—
控制变量	已控制	已控制	已控制	已控制	已控制	已控制	已控制	已控制	已控制	已控制	已控制	已控制

续表

变量	垄断市场国有企业	垄断市场国有企业	垄断市场国有企业	竞争市场国有企业	竞争市场国有企业	竞争市场国有企业	垄断市场非国有企业	垄断市场非国有企业	垄断市场非国有企业	竞争市场非国有企业	竞争市场非国有企业	竞争市场非国有企业
	面板数据固定效应	面板数据固定效应	面板数据固定效应	面板数据固定效应	面板数据固定效应	面板数据固定效应	面板数据固定效应	面板数据固定效应	面板数据固定效应	面板数据固定效应	面板数据固定效应	面板数据固定效应
	EDI（1）	*ES*（2）	*EE*（3）	*EDI*（4）	*ES*（5）	*EE*（6）	*EDI*（7）	*ES*（8）	*EE*（9）	*EDI*（10）	*ES*（11）	*EE*（12）
事件发生年份	已控制	已控制	已控制	已控制	已控制	已控制	已控制	已控制	已控制	已控制	已控制	已控制
行业固定效应	已控制	已控制	已控制	已控制	已控制	已控制	已控制	已控制	已控制	已控制	已控制	已控制
常数项	-67.559 (43.046)	-6.445 (4.076)	-3.141 (18.814)	-60.372 (44.713)	1.418 (9.380)	-17.581 (32.051)	-86.960** (41.122)	-16.257* (8.139)	-14.609 (22.927)	-50.965* (29.509)	-7.083* (4.195)	-18.000 (18.522)
样本量	185	185	185	174	174	174	149	149	149	146	146	146
R^2	0.344	0.096	0.103	0.143	0.091	0.102	0.204	0.085	0.115	0.204	0.085	0.115

注：①***、**、*分别表示双尾检验的统计显著水平为1%、5%、10%；

②括号内为稳健标准差；

③由于采用的是面板数据固定效应模型，有鉴于多重共线性问题，两个实验分组变量 Group1 和 Type 以及两者的交叉项未能进入回归模型。

附表 2-10　民营企业高管身份变化对各类环境信息披露指数的影响分析（面板数据固定效应）

变量	垄断	垄断	垄断	竞争	竞争	竞争
	面板数据固定效应模型	面板数据固定效应模型	面板数据固定效应模型	面板数据固定效应模型	面板数据固定效应模型	面板数据固定效应模型
	EDI（1）	*ES*（2）	*EE*（3）	*EDI*（4）	*ES*（5）	*EE*（6）
DID	0.717	-0.110	0.628	7.017*	0.573	4.389***
（*After* × *Group2*）	（3.306）	（0.469）	（1.063）	（3.605）	（0.499）	（1.560）
After	2.837	0.441	0.751	0.961	0.276	0.097
	（3.086）	（0.460）	（0.827）	（2.874）	（0.516）	（1.184）
Group2	—	—	—	—	—	—
控制变量	已控制	已控制	已控制	已控制	已控制	已控制
事件发生年份	已控制	已控制	已控制	已控制	已控制	已控制
行业固定效应	已控制	已控制	已控制	已控制	已控制	已控制
常数项	-24.769	-7.593	7.179	-74.026*	-12.391**	-30.361
	（33.807）	（4.842）	（13.187）	（42.096）	（5.705）	（23.844）
样本量	100	100	100	112	112	112
R^2	0.194	0.046	0.126	0.0632	0.050	0.083

注：①***、**、*分别表示双尾检验的统计显著水平为1%、5%、10%；

②括号内为稳健标准差；

③由于采用的是面板数据固定效应模型，有鉴于多重共线性问题，实验分组变量未能进入回归模型。

附表 2-11　控制权关系转移前后企业环境信息披露整体质量的对比分析（安慰剂检验）

变量	垄断	竞争
	混合数据模型	混合数据模型
	EDI（1）	*EDI*（2）
DID （*After* × *Group*1）	1.476 （1.988）	2.363 （1.766）
After	1.292 （1.613）	2.132 （1.579）
*Group*1	0.628 （1.694）	-1.853 （1.489）
控制变量	已控制	已控制
事件发生年份	已控制	已控制
行业固定效应	已控制	已控制
常数项	-91.860*** （10.840）	-50.520*** （9.965）
样本量	362	352
R^2	0.374	0.290

注：①***、**、*分别表示双尾检验的统计显著水平为1%、5%、10%；
②采用混合数据模型，括号内为稳健标准差（Robust Standard Errors）；
③VIF 值均通过检验不存在严重的多重共线性问题。

附表 2－12　控制权转移类型对企业各类环境信息披露指数的影响分析（安慰剂检验）

变量	垄断市场国有企业	垄断市场国有企业	垄断市场国有企业	竞争市场国有企业	竞争市场国有企业	竞争市场国有企业	垄断市场非国有企业	垄断市场非国有企业	垄断市场非国有企业	竞争市场非国有企业	竞争市场非国有企业	竞争市场非国有企业
	EDI（1）	*ES*（2）	*EE*（3）	*EDI*（4）	*ES*（5）	*EE*（6）	*EDI*（7）	*ES*（8）	*EE*（9）	*EDI*（10）	*ES*（11）	*EE*（12）
DDD（*After* × *Group*1 × *Type*）	6.840	0.0002	4.511	－2.820	－0.091	－2.397	－9.377	－1.405	－6.809	－3.318	－0.789	－1.235
	（5.704）	（0.917）	（2.945）	（5.790）	（0.932）	（3.297）	（8.434）	（1.252）	（4.216）	（7.331）	（0.927）	（3.837）
After × *Group*1	－3.726	－0.425	－1.415	1.312	0.301	0.488	2.867	0.807	1.960	－3.155	－0.0403	－2.189
	（2.852）	（0.535）	（1.710）	（4.665）	（0.718）	（2.709）	（6.274）	（0.953）	（2.542）	（5.354）	（0.648）	（3.430）
After × *Type*	－1.823	0.103	－1.505	3.736	0.489	2.580	4.783 *	0.200	2.905 *	3.612	0.193	0.0378
	（3.232）	（0.567）	（1.737）	（4.654）	（0.619）	（2.517）	（2.818）	（0.382）	（1.586）	（2.468）	（0.340）	（1.333）
*Group*1 × *Type*	0.282	0.602	－1.169	4.685	－0.275	3.547	－1.675	1.250	－1.354	－7.284	－0.599	－1.779
	（5.679）	（0.918）	（2.960）	（4.929）	（0.854）	（2.709）	（8.846）	（1.301）	（4.534）	（6.918）	（0.578）	（3.526）
After	1.695	0.333	1.082	1.849	0.198	－0.294	2.637	0.342	0.376	2.291	0.128	1.909 *
	（1.969）	（0.414）	（1.358）	（4.032）	（0.488）	（2.195）	（2.029）	（0.265）	（1.132）	（2.112）	（0.315）	（1.062）
*Group*1	0.666	－0.039	0.504	－6.672 *	0.001	－4.934 **	0.0827	－0.0802	0.280	－0.580	0.0437	0.383
	（2.857）	（0.499）	（1.469）	（3.995）	（0.541）	（2.155）	（2.294）	（0.351）	（1.297）	（1.968）	（0.277）	（1.059）
Type	0.161	0.208	－1.447	－3.188	0.152	－2.764	7.246	0.128	3.081	4.965	0.701	1.833
	（2.783）	（0.527）	（1.474）	（4.123）	（0.667）	（2.419）	（6.384）	（0.971）	（2.599）	（4.951）	（0.481）	（2.983）

续表

变量	垄断市场国有企业	垄断市场国有企业	垄断市场国有企业	竞争市场国有企业	竞争市场国有企业	竞争市场国有企业	垄断市场非国有企业	垄断市场非国有企业	垄断市场非国有企业	竞争市场非国有企业	竞争市场非国有企业	竞争市场非国有企业
	EDI (1)	*ES* (2)	*EE* (3)	*EDI* (4)	*ES* (5)	*EE* (6)	*EDI* (7)	*ES* (8)	*EE* (9)	*EDI* (10)	*ES* (11)	*EE* (12)
控制变量	已控制	已控制	已控制	已控制	已控制	已控制	已控制	已控制	已控制	已控制	已控制	已控制
事件发生年份	已控制	已控制	已控制	已控制	已控制	已控制	已控制	已控制	已控制	已控制	已控制	已控制
行业固定效应	已控制	已控制	已控制	已控制	已控制	已控制	已控制	已控制	已控制	已控制	已控制	已控制
常数项	-94.568 *** (12.698)	-4.209 ** (2.124)	-40.165 *** (8.070)	-37.154 * (19.994)	-2.331 (2.887)	-18.318 * (10.441)	-54.970 ** (22.680)	-4.804 * (2.767)	-15.640 (13.530)	-54.730 *** (14.420)	-5.998 *** (2.168)	-27.650 *** (7.795)
样本量	197	197	197	190	190	190	165	165	165	162	162	162
R^2	0.617	0.298	0.549	0.358	0.271	0.351	0.438	0.410	0.335	0.424	0.221	0.342

注：① ***、**、* 分别表示双尾检验的统计显著水平为 1%、5%、10%；
②采用混合数据模型，括号内为稳健标准差；
③VIF 值均通过检验不存在严重的多重共线性问题。

附表 2－13 民营企业高管身份变化对各类环境信息披露指数的影响分析（安慰剂检验）

变量	垄断	垄断	垄断	竞争	竞争	竞争
	EDI（1）	*ES*（2）	*EE*（3）	*EDI*（4）	*ES*（5）	*EE*（6）
DID（*After* × *Group2*）	－1.434	－0.476	0.434	6.063	0.489	2.792
	（2.945）	（0.583）	（1.472）	（3.926）	（0.535）	（2.171）
After	2.051	0.534	－0.946	5.928 *	0.929 **	2.496
	（2.553）	（0.483）	（0.998）	（3.274）	（0.459）	（1.872）
Group2	8.619 ***	1.483 **	1.532	－3.256	0.00599	－1.099
	（3.141）	（0.634）	（1.515）	（3.462）	（0.462）	（1.983）
控制变量	已控制	已控制	已控制	已控制	已控制	已控制
事件发生年份	已控制	已控制	已控制	已控制	已控制	已控制
行业固定效应	已控制	已控制	已控制	已控制	已控制	已控制
常数项	－20.250	－3.262	－3.936	24.510	－0.183	14.020
	（20.680）	（4.910）	（10.140）	（30.590）	（4.417）	（15.290）
样本量	102	102	102	115	115	115
R^2	0.724	0.625	0.519	0.602	0.354	0.577

注：① ***、**、* 分别表示双尾检验的统计显著水平为 1%、5%、10%；
②采用混合数据模型，括号内为稳健标准差（Robust Standard Errors）；
③VIF 值均通过检验不存在严重的多重共线性问题。

附表 2 - 14 媒体负面报道后产权属性对企业环境信息披露的影响（混合 OLS 和面板数据固定效应模型）

变量	竞争	垄断	竞争	垄断	竞争	垄断	竞争	垄断	竞争	垄断	竞争	垄断
	混合 OLS	混合 OLS	面板数据固定效应	面板数据固定效应	混合 OLS	混合 OLS	面板数据固定效应	面板数据固定效应	混合 OLS	混合 OLS	面板数据固定效应	面板数据固定效应
	EDI（1）	*EDI*（2）	*EDI*（3）	*EDI*（4）	*EE*（5）	*EE*（6）	*EE*（7）	*EE*（8）	*ES*（9）	*ES*（10）	*ES*（11）	*ES*（12）
DDD（*After* × *Group* × *Uctype*）	7.453	-2.301	7.915 *	-0.927	4.814 *	-1.923	4.881 **	-1.046	0.170	0.0429	0.176	0.0838
	(4.721)	(4.641)	(4.488)	(4.410)	(2.519)	(2.791)	(2.361)	(2.646)	(0.474)	(0.413)	(0.457)	(0.414)
After × *Uctype*	2.834	-2.277	2.017	-2.523	1.127	-1.228	0.736	-1.359	0.282 *	-0.296	0.194	-0.305
	(1.707)	(3.415)	(1.623)	(3.263)	(0.913)	(2.065)	(0.864)	(1.951)	(0.163)	(0.325)	(0.166)	(0.324)
Group × *Uctype*	-0.958	-14.32 ***	—	—	-0.497	-4.846 *	—	—	-0.595	-1.875 ***	—	—
	(4.683)	(4.673)			(2.182)	(2.680)			(0.551)	(0.642)		
After × *Group*	0.247	0.0735	0.558	-1.542	0.609	-0.629	0.893	-1.665	0.221	-0.105	0.302	-0.157
	(1.977)	(3.600)	(1.965)	(3.382)	(1.284)	(2.308)	(1.277)	(2.171)	(0.222)	(0.331)	(0.222)	(0.331)
Group	-1.341	10.20 ***	—	—	-0.664	3.702 *	—	—	-0.00259	1.375 ***	—	—
	(2.564)	(3.448)			(1.097)	(1.942)			(0.322)	(0.333)		
After	1.934	3.982	2.612	5.146 *	0.608	3.074	0.649	2.828	0.0378	0.282	0.237	0.378
	(1.202)	(3.080)	(1.823)	(3.041)	(0.679)	(1.952)	(1.104)	(1.848)	(0.150)	(0.317)	(0.214)	(0.386)
Uctype	-0.227	8.833 **	—	—	0.218	4.552 **	—	—	0.142	0.632	—	—
	(3.419)	(3.664)			(1.358)	(1.947)			(0.412)	(0.392)		

续表

变量	竞争	垄断	竞争	垄断	竞争	垄断	竞争	垄断	竞争	垄断	竞争	垄断
	混合 OLS	混合 OLS	面板数据固定效应	面板数据固定效应	混合 OLS	混合 OLS	面板数据固定效应	面板数据固定效应	混合 OLS	混合 OLS	面板数据固定效应	面板数据固定效应
	EDI（1）	*EDI*（2）	*EDI*（3）	*EDI*（4）	*EE*（5）	*EE*（6）	*EE*（7）	*EE*（8）	*ES*（9）	*ES*（10）	*ES*（11）	*ES*（12）
控制变量	已控制	已控制	已控制	已控制	已控制	已控制	已控制	已控制	已控制	已控制	已控制	已控制
事件发生年份	已控制	已控制	已控制	已控制	已控制	已控制	已控制	已控制	已控制	已控制	已控制	已控制
常数项	-16.93	-113.8 ***	62.48	44.38	-5.221	-60.08 ***	34.11	30.86	-4.092 *	-8.611 ***	3.966	-2.002
	(21.63)	(15.87)	(39.33)	(54.80)	(9.814)	(8.953)	(22.77)	(32.07)	(2.447)	(2.548)	(4.509)	(6.149)
样本量	378	243	378	243	378	243	378	243	378	243	378	243
R^2	0.319	0.533	0.179	0.104	0.271	0.489	0.133	0.119	0.203	0.391	0.085	0.065

注：①***、**、*分别表示双尾检验的统计显著水平为1%、5%、10%；
②括号内为稳健标准差。

附表 2-15　媒体负面深度报道、产权属性政企关联对企业环境信息披露的影响（面板数据固定效应）

变量	竞争	垄断	竞争	垄断	竞争	垄断
	EDI（1）	*EDI*（2）	*EE*（3）	*EE*（4）	*ES*（5）	*ES*（6）
DDD（*After* × *Deep* × *Uctype*）	8.546*	-3.885	6.029**	-2.263	-0.113	-0.421
	(4.724)	(6.272)	(2.764)	(3.929)	(0.397)	(0.419)
After × *Uctype*	3.279	-1.990	1.378	-1.262	0.318	-0.155
	(2.161)	(2.415)	(1.045)	(1.468)	(0.224)	(0.219)
Deep × *Uctype*	—	—	—	—	—	—
After × *Deep*	-1.175	1.864	0.0526	0.344	0.286	0.285
	(1.829)	(5.665)	(1.228)	(3.648)	(0.251)	(0.317)
Deep	—	—	—	—	—	—
After	2.830	3.788	0.776	1.798	0.255	0.227
	(1.843)	(2.516)	(1.123)	(1.529)	(0.214)	(0.314)
Uctype	—	—	—	—	—	—
控制变量	已控制	已控制	已控制	已控制	已控制	已控制
事件发生年份	已控制	已控制	已控制	已控制	已控制	已控制
常数项	53.89	39.96	30.98	25.86	3.076	-2.319
	(39.64)	(59.06)	(21.74)	(34.36)	(4.510)	(6.991)
样本量	378	243	378	243	378	243
R^2	0.169	0.103	0.127	0.101	0.075	0.069

注：①***、**、*分别表示双尾检验的统计显著水平为1%、5%、10%；②括号内为稳健标准差。

附表 2-16　媒体负面报道次数、产权属性政企关联对企业环境信息披露的影响（面板数据固定效应）

变量	竞争	垄断	竞争	垄断	竞争	垄断
	EDI（1）	*EDI*（2）	*EE*（3）	*EE*（4）	*ES*（5）	*ES*（6）
DDD（*After* × *Freq* × *Uctype*）	2.823***	0.375	1.719***	0.0749	0.0392	0.0603
	(0.764)	(1.639)	(0.510)	(1.003)	(0.103)	(0.135)
After × *Freq*	0.161	-0.804	0.296	-0.590	0.0768	-0.115
	(0.535)	(1.275)	(0.373)	(0.802)	(0.0947)	(0.115)
Freq × *Uctype*	—	—	—	—	—	—
After × *Uctype*	2.358	-3.414	0.954	-2.031	0.242	-0.299
	(1.843)	(2.783)	(0.900)	(1.698)	(0.196)	(0.281)
Freq	—	—	—	—	—	—
After	2.627	4.916*	0.665	2.422	0.262	0.391
	(1.830)	(2.803)	(1.110)	(1.714)	(0.212)	(0.361)
Uctype	—	—	—	—	—	—
控制变量	已控制	已控制	已控制	已控制	已控制	已控制
事件发生年份	已控制	已控制	已控制	已控制	已控制	已控制
常数项	68.70*	41.24	39.27*	26.30	3.180	-1.976
	(39.16)	(55.08)	(21.57)	(32.78)	(4.553)	(6.163)
样本量	378	243	378	243	378	243
R^2	0.190	0.101	0.147	0.101	0.078	0.072

注：①***、**、*分别表示双尾检验的统计显著水平为1%、5%、10%；
②括号内为稳健标准差。

附表 2-17 媒体负面报道后高管政企关联对企业环境信息披露的影响（混合 OLS 模型）

变量	竞争	垄断	竞争	垄断	竞争	垄断
	EDI（1）	*EDI*（2）	*EE*（3）	*EE*（4）	*ES*（5）	*ES*（6）
DDD（*After* × *Group* × *Pctdm*）	2.098	0.058	1.170	1.087	-0.072	-0.624
	(3.270)	(5.444)	(2.136)	(3.170)	(0.363)	(0.432)
After t × *Pctdm*	-3.841**	-4.389	-1.709*	-3.324	-0.095	0.288
	(1.613)	(4.474)	(0.946)	(2.666)	(0.198)	(0.320)
Group × *Pctdm*	-3.605	13.800**	0.678	7.269**	-1.446***	1.399*
	(6.244)	(6.819)	(3.280)	(2.948)	(0.490)	(0.725)
After × *Group*	1.417	-1.172	1.419	-1.987	0.315	0.066
	(2.506)	(2.771)	(1.474)	(1.703)	(0.247)	(0.249)
Group	-0.712	-1.243	-0.896	-1.007	0.101	0.0873
	(2.563)	(3.397)	(1.158)	(1.772)	(0.315)	(0.479)
After	3.933***	4.263**	1.359*	3.315***	0.155	0.144
	(1.301)	(2.014)	(0.718)	(1.231)	(0.157)	(0.236)
Pctdm	3.862*	-6.853	0.667	-3.357	0.389	-1.115**
	(2.136)	(5.411)	(1.006)	(2.010)	(0.237)	(0.520)
控制变量	已控制	已控制	已控制	已控制	已控制	已控制
事件发生年份	已控制	已控制	已控制	已控制	已控制	已控制
常数项	-15.060	-95.660***	-4.548	-55.610***	-3.995	-5.561***
	(22.450)	(14.250)	(10.09)	(8.171)	(2.453)	(1.955)
样本量	378	243	378	243	378	243
R^2	0.318	0.517	0.251	0.502	0.244	0.343

注：①***、**、*分别表示双尾检验的统计显著水平为1%、5%、10%；

②括号内为在样本个体层面进行聚类的聚类稳健标准差；

③VIF 值均小于 10 表明不存在严重的多重共线性问题。

附表 2－18　媒体负面报道后高管高层政企关联对企业环境信息披露的影响（混合 OLS 模型）

变量	竞争	垄断	竞争	垄断	竞争	垄断
	EDI（1）	*EDI*（2）	*EE*（3）	*EE*（4）	*ES*（5）	*ES*（6）
DDD（*After* × *Group* × *Pchdm*）	1.955 (3.636)	－7.620** (3.586)	2.524 (2.483)	－3.992** (1.729)	－0.741** (0.307)	－1.047** (0.457)
After × *Pchdm*	－3.590* (1.823)	—	－2.415* (1.241)	—	0.211 (0.238)	—
Group × *Pchdm*	－8.035 (9.938)	3.613 (4.697)	－1.904 (5.030)	2.740 (2.336)	－1.276* (0.725)	－0.181 (0.444)
After × *Group*	2.378 (2.272)	－0.807 (2.359)	1.713 (1.349)	－1.548 (1.431)	0.389* (0.220)	0.00416 (0.207)
Group	－1.819 (2.281)	2.736 (2.897)	－0.804 (1.030)	1.042 (1.469)	－0.187 (0.284)	0.481 (0.369)
After	2.844** (1.180)	3.170 (2.094)	0.995 (0.639)	2.549** (1.272)	0.064 (0.137)	0.158 (0.209)
Pchdm	2.549 (4.288)	—	1.373 (1.930)	—	－0.218 (0.330)	—
控制变量	已控制	已控制	已控制	已控制	已控制	已控制
事件发生年份	已控制	已控制	已控制	已控制	已控制	已控制
常数项	－15.440 (22.930)	－93.160*** (15.820)	－5.063 (10.320)	－53.500*** (9.033)	－4.254* (2.478)	－5.867*** (2.024)
样本量	378	243	378	243	378	243
R^2	0.316	0.477	0.250	0.454	0.239	0.329

注：①***、**、*分别表示双尾检验的统计显著水平为 1%、5%、10%；
②括号内为在样本个体层面进行聚类的聚类稳健标准差；
③VIF 值均小于 10 表明不存在严重的多重共线性问题。

附表 2-19　深度负面报道后高管政企关联对企业环境信息披露的影响（混合 OLS 模型）

变量	竞争	垄断	竞争	垄断	竞争	垄断
	EDI（1）	*EDI*（2）	*EE*（3）	*EE*（4）	*ES*（5）	*ES*（6）
DDD（*After* × *Deep* × *Pctdm*）	5.957 *	-6.794	3.020	-3.128	0.238	-0.550
	(3.331)	(4.847)	(2.299)	(2.725)	(0.384)	(0.505)
After × *Pctdm*	-4.506 ***	-1.562	-2.064 **	-1.457	-0.164	0.122
	(1.644)	(3.032)	(0.961)	(1.797)	(0.194)	(0.254)
Deep × *Pctdm*	-9.956	7.295	-2.502	4.008	-1.806 ***	0.729
	(7.355)	(6.619)	(3.880)	(3.101)	(0.501)	(0.774)
After × *Deep*	-0.786	0.592	0.525	-0.614	0.167	0.0664
	(2.597)	(3.264)	(1.636)	(2.013)	(0.256)	(0.275)
Deep	2.862	-3.011	0.090	-2.257	0.438	-0.030
	(2.693)	(4.125)	(1.321)	(1.965)	(0.332)	(0.527)
After	4.710 ***	3.334 *	1.746 **	2.337 *	0.237	0.164
	(1.299)	(1.963)	(0.742)	(1.225)	(0.152)	(0.194)
Pctdm	4.852 **	-0.335	1.218	0.036	0.399 *	-0.448
	(2.042)	(4.209)	(0.960)	(1.965)	(0.223)	(0.448)
控制变量	已控制	已控制	已控制	已控制	已控制	已控制
事件发生年份	已控制	已控制	已控制	已控制	已控制	已控制
常数项	-12.35	-102.8 ***	-5.365	-59.97 ***	-3.030	-6.033 ***
	(22.71)	(15.78)	(10.36)	(8.382)	(2.408)	(2.180)
样本量	378	243	378	243	378	243
R^2	0.326	0.480	0.249	0.470	0.246	0.305

注：① ***、**、* 分别表示双尾检验的统计显著水平为 1%、5%、10%；

②括号内为在样本个体层面进行聚类的聚类稳健标准差；

③VIF 值均小于 10 表明不存在严重的多重共线性问题。

附表 2－20　深度负面报道后高管高层政企关联对企业环境信息披露的影响（混合 OLS 模型）

变量	竞争	垄断	竞争	垄断	竞争	垄断
	EDI（1）	*EDI*（2）	*EE*（3）	*EE*（4）	*ES*（5）	*ES*（6）
DDD（*After* × *Deep* × *Pchdm*）	7.068***	－11.780***	5.539***	－4.376**	－0.522*	－1.080*
	（2.643）	（3.515）	（1.713）	（1.874）	（0.301）	（0.562）
After × *Pchdm*	－4.058**	0.968	－2.521**	－0.973	0.114	－0.260**
	（1.706）	（1.411）	（1.151）	（0.871）	（0.225）	（0.126）
Deep × *Pchdm*	－23.400***	－18.130***	－10.150***	－8.274***	－2.035***	－0.690
	（4.756）	（5.993）	（2.580）	（2.604）	（0.508）	（0.697）
After × *Deep*	0.425	－0.417	0.965	－1.133	0.260	0.056
	（2.288）	（2.663）	（1.458）	（1.613）	（0.223）	（0.227）
Deep	1.141	0.687	－0.186	－0.345	0.110	0.251
	（2.357）	（3.287）	（1.200）	（1.641）	（0.288）	（0.396）
After	3.501***	3.091	1.271*	2.088*	0.135	0.181
	（1.166）	（1.938）	（0.652）	（1.174）	（0.135）	（0.176）
Pchdm	3.453	17.590***	1.945	9.116***	－0.231	0.457
	（3.935）	（4.136）	（1.780）	（1.727）	（0.306）	（0.479）
控制变量	已控制	已控制	已控制	已控制	已控制	已控制
事件发生年份	已控制	已控制	已控制	已控制	已控制	已控制
常数项	－11.460	－102.0***	－5.333	－58.750***	－3.382	－6.357***
	（23.205）	（16.490）	（10.500）	（8.509）	（2.442）	（2.255）
样本量	378	243	378	243	378	243
R^2	0.335	0.505	0.261	0.483	0.242	0.321

注：①***、**、*分别表示双尾检验的统计显著水平为 1%、5%、10%；
②括号内为在样本个体层面进行聚类的聚类稳健标准差；
③VIF 值均小于 10 表明不存在严重的多重共线性问题。

附表 2 – 21　负面报道频次和高管政企关联对企业环境信息披露水平的影响（混合 OLS 模型）

变量	竞争	垄断	竞争	垄断	竞争	垄断
	EDI（1）	*EDI*（2）	*EE*（3）	*EE*（4）	*ES*（5）	*ES*（6）
DDD（*After* × *Freq* × *Pctdm*）	2.554**	0.036	1.837**	0.312	0.033	−0.225
	(1.285)	(1.937)	(0.841)	(1.122)	(0.193)	(0.142)
After × *Pctdm*	−3.887**	−4.192	−1.746*	−3.056	−0.135	0.230
	(1.625)	(3.868)	(0.954)	(2.277)	(0.196)	(0.290)
Freq × *Pctdm*	−6.402	5.894**	−1.487	3.126**	−1.261***	0.642***
	(4.014)	(2.528)	(2.202)	(1.175)	(0.280)	(0.235)
After × *Freq*	0.588	−0.592	0.568	−0.625	0.078	−0.040
	(0.770)	(0.975)	(0.463)	(0.586)	(0.079)	(0.071)
Freq	0.011	−0.158	−0.150	−0.478	0.048	0.082
	(0.693)	(1.293)	(0.277)	(0.701)	(0.097)	(0.140)
After	3.908***	—	1.366*	—	0.194	—
	(1.288)		(0.729)		(0.150)	
Pctdm	4.725**	−6.305	1.122	−3.000	0.442*	−1.125**
	(2.091)	(4.640)	(0.969)	(1.842)	(0.229)	(0.438)
控制变量	已控制	已控制	已控制	已控制	已控制	已控制
事件发生年份	已控制	已控制	已控制	已控制	已控制	已控制
常数项	−16.150	−92.900***	−4.969	−55.670***	−3.978	−5.180***
	(22.870)	(14.360)	(10.280)	(7.900)	(2.469)	(1.857)
样本量	378	243	378	243	378	243
R^2	0.329	0.527	0.254	0.511	0.263	0.365

注：① ***、**、* 分别表示双尾检验的统计显著水平为 1%、5%、10%；

②括号内为在样本个体层面进行聚类的聚类稳健标准差；

③VIF 值均小于 10 表明不存在严重的多重共线性问题。

附表 2－22　负面报道频次和高管高层政企关联对企业环境信息披露的影响（混合 OLS 模型）

变量	竞争	垄断	竞争	垄断	竞争	垄断
	EDI（1）	*EDI*（2）	*EE*（3）	*EE*（4）	*ES*（5）	*ES*（6）
DDD（*After*×*Freq*×*Pchdm*）	2.466*	－3.771**	2.408***	－2.130**	－0.295*	－0.494**
	（1.281）	（1.747）	（0.846）	（0.828）	（0.156）	（0.226）
After×*Pchdm*	－3.766**	—	－2.503**	—	0.160	—
	（1.777）		（1.211）		（0.232）	
Freq×*Pchdm*	－8.810**	2.173	－3.207	1.497	－1.046***	－0.0242
	（4.034）	（2.232）	（2.206）	（1.155）	（0.312）	（0.202）
After×*Freq*	0.875	－0.526	0.666	－0.533	0.101	－0.067
	（0.728）	（0.821）	（0.449）	（0.493）	（0.076）	（0.062）
Freq	－0.356	1.141	－0.212	0.217	－0.002	0.207*
	（0.651）	（1.192）	（0.268）	（0.638）	（0.089）	（0.121）
After	2.932**	—	1.022	—	0.115	—
	（1.152）		（0.636）		（0.132）	
Pchdm	3.477	—	1.861	—	－0.141	—
	（4.262）		（1.917）		（0.325）	
控制变量	已控制	已控制	已控制	已控制	已控制	已控制
事件发生年份	已控制	已控制	已控制	已控制	已控制	已控制
常数项	－14.720	－91.470***	－5.143	－54.350***	－3.866	－5.592***
	（23.330）	（15.40）	（10.410）	（8.309）	（2.487）	（2.004）
样本量	378	243	378	243	378	243
R^2	0.327	0.478	0.258	0.454	0.248	0.330

注：①***、**、*分别表示双尾检验的统计显著水平为 1%、5%、10%；
②括号内为在样本个体层面进行聚类的聚类稳健标准差；
③VIF 值均小于 10 表明不存在严重的多重共线性问题。

附表 2-23　负面报道后高管政企关联对企业环境信息披露的影响（面板数据固定效应模型）

变量	竞争	垄断	竞争	垄断	竞争	垄断
	EDI（1）	*EDI*（2）	*EE*（3）	*EE*（4）	*ES*（5）	*ES*（6）
DDD（*After*×*Group*×*Pct*）	-0.274	-0.001	0.364	0.956	-0.146	-0.472*
	(2.088)	(2.994)	(1.444)	(1.736)	(0.175)	(0.257)
After×*Pct*	-1.306***	-2.544	-0.641*	-2.391	-0.068*	0.256
	(0.464)	(2.757)	(0.361)	(1.595)	(0.040)	(0.214)
Group×*Pct*	2.111	-1.666	1.771	-2.315	0.359	0.049
	(2.341)	(2.425)	(1.372)	(1.496)	(0.229)	(0.210)
Group×*Pct*	—	—	—	—	—	—
After	4.022**	4.209	1.287	2.568	0.328	0.135
	(1.893)	(2.707)	(1.213)	(1.560)	(0.201)	(0.314)
Group	—	—	—	—	—	—
Pct	—	—	—	—	—	—
控制变量	已控制	已控制	已控制	已控制	已控制	已控制
事件发生年份	已控制	已控制	已控制	已控制	已控制	已控制
常数项	82.020*	40.860	45.880*	28.290	4.791	-1.901
	(41.870)	(53.960)	(23.520)	(31.120)	(4.597)	(6.431)
样本量	378	243	378	243	378	243
R^2	0.154	0.119	0.109	0.137	0.084	0.077

注：① ***、**、* 分别表示双尾检验的统计显著水平为 1%、5%、10%；②括号内为稳健标准差。

附表 2－24　负面报道后高管高层政企关联对企业环境信息披露的影响（面板数据固定效应模型）

变量	竞争	垄断	竞争	垄断	竞争	垄断
	EDI（1）	*EDI*（2）	*EE*（3）	*EE*（4）	*ES*（5）	*ES*（6）
DDD（*After* × *Group* × *Pch*）	1.910	－7.340**	2.328	－3.758**	－0.589**	－1.034**
	(2.937)	(3.315)	(2.134)	(1.564)	(0.254)	(0.450)
After × *Pch*	－3.424**	—	－2.177**	—	0.016	—
	(1.346)		(1.004)		(0.171)	
Group × *Pch*	2.375	－1.636	1.827	－2.090	0.423*	－0.025
	(2.233)	(2.134)	(1.316)	(1.308)	(0.216)	(0.185)
After	3.597*	3.610	1.161	1.994	0.274	0.199
	(1.834)	(2.510)	(1.168)	(1.452)	(0.200)	(0.300)
Group	—	—	—	—	—	—
Pch	—	—	—	—	—	—
控制变量	已控制	已控制	已控制	已控制	已控制	已控制
事件发生年份	已控制	已控制	已控制	已控制	已控制	已控制
常数项	86.800**	43.400	47.950**	30.920	5.183	－2.382
	(42.060)	(55.420)	(23.370)	(32.710)	(4.670)	(6.143)
样本量	378	243	378	243	378	243
R^2	0.148	0.113	0.114	0.117	0.082	0.105

注：① ***、**、* 分别表示双尾检验的统计显著水平为 1%、5%、10%；
②括号内为稳健标准差。

附表 2－25 深度负面报道后高管政企关联对企业选择性环境信息披露的影响（面板数据固定效应模型）

变量	竞争	垄断	竞争	垄断	竞争	垄断
	EDI（1）	*EDI*（2）	*EE*（3）	*EE*（4）	*ES*（5）	*ES*（6）
DDD（*After* × *Deep* × *Pct*）	1.363*	－2.808	1.106	－0.804	－0.0366	－0.372
	(1.902)	(2.088)	(1.434)	(1.253)	(0.194)	(0.229)
After × *Pct*	－1.509***	－0.906	－0.747**	－1.234	－0.086**	0.100
	(0.492)	(1.593)	(0.370)	(0.966)	(0.039)	(0.152)
After × *Deep*	－0.162	0.396	0.864	－0.869	0.237	0.129
	(2.405)	(2.792)	(1.518)	(1.779)	(0.234)	(0.218)
Deep × *Pct*	—	—	—	—	—	—
After	4.643**	3.080	1.628	1.549	0.384*	0.121
	(1.988)	(2.556)	(1.252)	(1.583)	(0.197)	(0.286)
Deep	—	—	—	—	—	—
Pct	—	—	—	—	—	—
控制变量	已控制	已控制	已控制	已控制	已控制	已控制
事件发生年份	已控制	已控制	已控制	已控制	已控制	已控制
常数项	73.89*	38.36	41.590*	23.980	4.211	－2.213
	(39.37)	(56.21)	(22.930)	(32.830)	(4.350)	(6.814)
样本量	378	243	378	243	378	243
R^2	0.148	0.124	0.100	0.123	0.074	0.074

注：①***、**、*分别表示双尾检验的统计显著水平为1%、5%、10%；②括号内为稳健标准差。

附表 2－26　深度负面报道后高管高层政企关联对企业环境信息披露的影响（面板数据固定效应模型）

变量	竞争	垄断	竞争	垄断	竞争	垄断
	EDI（1）	EDI（2）	EE（3）	EE（4）	ES（5）	ES（6）
DDD（After × Deep × Pch）	6.264**	－12.260***	5.111***	－4.512***	－0.539**	－1.143**
	（2.492）	（2.986）	（1.641）	（1.680）	（0.264）	（0.530）
After × Pch	－3.792***	1.138	－2.308**	－0.908	－0.031	－0.233**
	（1.327）	（1.217）	（0.984）	（0.775）	（0.162）	（0.100）
After × Deep	0.084	－0.101	0.904	－1.022	0.301	0.105
	（2.250）	（2.476）	（1.427）	（1.556）	（0.219）	（0.193）
Deep × Pch	—	—	—	—	—	—
After	4.189**	2.704	1.469	1.170	0.331*	0.147
	（1.928）	（2.369）	（1.207）	（1.470）	（0.197）	（0.275）
Deep	—	—	—	—	—	—
Pch	—	—	—	—	—	—
控制变量	已控制	已控制	已控制	已控制	已控制	已控制
事件发生年份	已控制	已控制	已控制	已控制	已控制	已控制
常数项	76.230*	36.000	41.770*	24.230	4.830	－2.771
	（40.000）	（55.800）	（22.910）	（33.370）	（4.509）	（6.381）
样本量	378	243	378	243	378	243
R^2	0.140	0.123	0.104	0.107	0.068	0.118

注：①***、**、*分别表示双尾检验的统计显著水平为1%、5%、10%；②括号内为稳健标准差。

附表 2 - 27　负面报道频次和高管政企关联对企业环境信息披露的影响（面板数据固定效应模型）

变量	竞争	垄断	竞争	垄断	竞争	垄断
	EDI（1）	*EDI*（2）	*EE*（3）	*EE*（4）	*ES*（5）	*ES*（6）
DDD（*After* × *Freq* × *Pct*）	0.565	-0.021	0.746*	0.476	-0.034	-0.216
	(0.609)	(1.176)	(0.418)	(0.693)	(0.066)	(0.097)
After × *Pct*	-1.331***	-2.600	-0.657*	-2.527**	-0.080**	0.228
	(0.470)	(2.172)	(0.363)	(1.258)	(0.038)	(0.187)
After × *Freq*	0.802	-0.575	0.685	-0.681	0.082	-0.025
	(0.714)	(0.845)	(0.434)	(0.526)	(0.072)	(0.059)
Freq × *Pct*	—	—	—	—	—	—
After	4.029**	3.990	1.289	2.106	0.371*	0.202
	(1.974)	(2.645)	(1.242)	(1.564)	(0.196)	(0.300)
Freq	—	—	—	—	—	—
Pct	—	—	—	—	—	—
控制变量	已控制	已控制	已控制	已控制	已控制	已控制
事件发生年份	已控制	已控制	已控制	已控制	已控制	已控制
常数项	80.270**	37.370	44.160*	22.760	4.201	-1.656
	(39.570)	(54.550)	(22.700)	(31.560)	(4.422)	(6.529)
样本量	378	243	378	243	378	243
R^2	0.158	0.119	0.118	0.129	0.077	0.091

注：①***、**、*分别表示双尾检验的统计显著水平为1%、5%、10%；
②括号内为稳健标准差。

附表 2－28　负面报道频次和高管高层政企关联对企业环境信息披露的影响（面板数据固定效应模型）

变量	竞争	垄断	竞争	垄断	竞争	垄断
	EDI（1）	*EDI*（2）	*EE*（3）	*EE*（4）	*ES*（5）	*ES*（6）
DDD（*After* × *Freq* × *Pch*）	2. 154 **	－3. 816 **	2. 206 ***	－2. 128 ***	－0. 221 *	－0. 496 **
	（1. 013）	（1. 623）	（0. 715）	（0. 754）	（0. 114）	（0. 222）
After × *Freq*	0. 902	－0. 553	0. 713	－0. 558	0. 099	－0. 064
	（0. 704）	（0. 740）	（0. 430）	（0. 457）	（0. 070）	（0. 054）
After × *Pch*	－3. 489 **		－2. 217 **		－0. 019	
	（1. 340）		（1. 000）		（0. 166）	
Freq × *Pch*	—	—	—	—	—	—
After	3. 620 *	3. 363	1. 166	1. 503	0. 320	0. 261
	（1. 915）	（2. 487）	（1. 197）	（1. 482）	（0. 196）	（0. 295）
Pch	—	—	—	—	—	—
Freq	—	—	—	—	—	—
控制变量	已控制	已控制	已控制	已控制	已控制	已控制
事件发生年份	已控制	已控制	已控制	已控制	已控制	已控制
常数项	84. 210 **	39. 940	45. 820 **	25. 880	4. 585	－2. 200
	（39. 940）	（56. 290）	（22. 590）	（33. 310）	（4. 532）	（6. 333）
样本量	378	243	378	243	378	243
R^2	0. 152	0. 112	0. 123	0. 106	0. 071	0. 111

注：①***、**、*分别表示双尾检验的统计显著水平为 1%、5%、10%；
②括号内为稳健标准差。

附表 2－29　　负面环保报道内容对报道当年企业环境信息披露的影响

	EDI 增长量		*ES* 增长量		*EE* 增长量	
	F 值	Sig.	F 值	Sig.	F 值	Sig.
前一年	1.81	0.134	0.89	0.474	1.92	0.113
当年	1.06	0.382	0.34	0.848	1.20	0.318
后一年	0.72	0.578	1.11	0.358	0.27	0.898

附录 3　样本配对前后各指标差异检验结果

附表 3－1　控制权转移样本配对前各指标差异的检验结果

		Levene 检验		均值 t 检验		中位数检验	
		F	Sig.	t	Sig.	Z	Sig.
Owncon5	方差相等	3.754*	0.053	-9.017***	0.000	8.823***	0.000
	方差不等			-9.893***	0.000		
Zindex	方差相等	1.394	0.238	-0.676	0.499	-0.077	0.9387
	方差不等			-1.203	0.231		
Qval	方差相等	6.411**	0.011	2.293**	0.022	-4.320***	0.000
	方差不等			1.744*	0.083		

续表

		Levene 检验		均值 t 检验		中位数检验	
		F	Sig.	t	Sig.	Z	Sig.
Accumfdps	方差相等	25.380***	0.000	-5.346***	0.000	6.068***	0.000
	方差不等			-9.420***	0.000		
Roa	方差相等	10.759***	0.001	-6.218***	0.000	6.527***	0.000
	方差不等			-4.806***	0.000		
Currt	方差相等	2.030	0.154	-1.294	0.196	2.998***	0.003
	方差不等			-2.287**	0.023		
Totassgrrt	方差相等	10.061***	0.002	-4.164***	0.000	6.373***	0.000
	方差不等			-9.920***	0.000		
Totassrat	方差相等	5.040**	0.025	-3.267***	0.001	3.796***	0.000
	方差不等			-4.760***	0.000		
Size	方差相等	5.188**	0.023	-6.109***	0.000	5.720***	0.000
	方差不等			-6.903***	0.000		
lnxcf	方差相等	22.282***	0.000	-3.848***	0.000	6.376***	0.000
	方差不等			-3.377***	0.001		

附表 3-2　控制权转移样本配对后各指标差异的检验结果

		Levene 检验		均值方程的 t 检验		中位数检验	
		F	Sig.	t	Sig.	Z	Sig.
Owncon5	方差相等	0.771	0.381	0.440	0.660	-0.548	0.583
	方差不等			0.440	0.660		
Zindex	方差相等	1.515	0.220	0.673	0.501	-0.126	0.900
	方差不等			0.673	0.501		
Qval	方差相等	0.012	0.913	-0.118	0.906	0.187	0.852
	方差不等			-0.118	0.906		
Accumfdps	方差相等	0.182	0.670	1.195	0.233	-1.152	0.249
	方差不等			1.195	0.233		
Roa	方差相等	0.584	0.446	-0.330	0.741	0.948	0.343
	方差不等			-0.330	0.742		
Currt	方差相等	1.206	0.273	-0.609	0.543	-0.210	0.834
	方差不等			-0.609	0.543		
Totassgrrt	方差相等	5.649**	0.018	-1.237	0.218	0.065	0.949
	方差不等			-1.237	0.218		

续表

		Levene 检验		均值方程的 t 检验		中位数检验	
		F	Sig.	t	Sig.	Z	Sig.
Totassrat	方差相等	0.114	0.736	0.620	0.536	0.113	0.910
	方差不等			0.620	0.536		
Size	方差相等	1.666	0.198	-0.183	0.855	0.286	0.775
	方差不等			-0.183	0.855		
lncf	方差相等	0.009	0.925	-0.286	0.775	1.371	0.170
	方差不等			-0.286	0.775		

附表 3-3　民营企业高管身份变化样本配对前各指标差异的检验结果

		Levene 检验		均值方程的 t 检验		中位数秩和检验	
		F	Sig.	t	Sig.	Z	Sig.
Owncon1	方差相等	3.361	0.067*	-1.863*	0.063	1.813*	0.070
	方差不等			-2.488**	0.019		
Owncon5	方差相等	3.838	0.050**	-2.539**	0.011	2.695***	0.007
	方差不等			-3.370***	0.002		

续表

		Levene 检验		均值方程的 t 检验		中位数秩和检验	
		F	Sig.	t	Sig.	Z	Sig.
Size	方差相等	0.314	0.575	-2.353**	0.019	2.125**	0.034
	方差不等			-2.475**	0.019		
Roecut	方差相等	0.117	0.733	-0.368	0.713	2.608***	0.009
	方差不等			-1.712*	0.093		
Roa	方差相等	0.262	0.609	-0.903	0.367	1.854*	0.064
	方差不等			-1.159	.256		
Opeincmgrrt	方差相等	0.006	0.937	0.135	0.893	-2.138**	0.033
	方差不等			0.554	0.582		
Netprfgrrt	方差相等	0.014	0.905	0.406	0.685	-0.375	0.708
	方差不等			1.180	0.246		
lncf	方差相等	2.175	0.140	-1.201	0.230	3.162***	0.002
	方差不等			-1.065	0.296		

附表 3－4　　民营企业高管身份变化样本配对后各指标差异的检验结果

		Levene 检验		均值的 t 检验		中位数秩和检验	
		F	Sig.	t	Sig.	Z	Sig.
Owncon1	方差相等	1.095	0.300	0.026	0.979	－0.350	0.726
	方差不等			0.026	0.979		
Owncon5	方差相等	2.016	0.161	－0.592	0.556	0.552	0.581
	方差不等			－0.592	0.556		
Roe	方差相等	2.766	0.102	－0.861	0.393	1.314	0.189
	方差不等			－0.861	0.394		
Roa	方差相等	4.863	0.032	－1.727	0.090	1.594	0.111
	方差不等			－1.727	0.091		
Opeincmgrrt	方差相等	0.006	0.938	0.502	0.618	－0.599	0.550
	方差不等			0.502	0.618		
Netassgrrt	方差相等	0.900	0.347	0.349	0.728	1.532	0.126
	方差不等			0.349	0.729		
Size	方差相等	0.136	0.714	－0.549	0.585	0.645	0.519
	方差不等			－0.549	0.585		
lncf	方差相等	0.425	0.517	－0.469	0.641	1.267	0.205
	方差不等			－0.469	0.641		

附表 3－5　　控制权转移样本配对前各指标差异的检验结果

		Levene 检验		均值 t 检验		中位数检验	
		F	Sig.	t	Sig.	Z	Sig.
Owncon5	方差相等	3.754*	0.053	-9.017***	0.000	8.823***	0.000
	方差不等			-9.893***	0.000		
Zindex	方差相等	1.394	0.238	-0.676	0.499	-0.077	0.9387
	方差不等			-1.203	0.231		
Qval	方差相等	6.411**	0.011	2.293**	0.022	-4.320***	0.000
	方差不等			1.744*	0.083		
Accumfdps	方差相等	25.380***	0.000	-5.346***	0.000	6.068***	0.000
	方差不等			-9.420***	0.000		
Roa	方差相等	10.759***	0.001	-6.218***	0.000	6.527***	0.000
	方差不等			-4.806***	0.000		
Currt	方差相等	2.030	0.154	-1.294	0.196	2.998***	0.003
	方差不等			-2.287**	0.023		
Totassgrrt	方差相等	10.061***	0.002	-4.164***	0.000	6.373***	0.000
	方差不等			-9.920***	0.000		
Totassrat	方差相等	5.040**	0.025	-3.267***	0.001	3.796***	0.000
	方差不等			-4.760***	0.000		

续表

		Levene 检验		均值 t 检验		中位数检验	
		F	Sig.	t	Sig.	Z	Sig.
Size	方差相等	5.188**	0.023	-6.109***	0.000	5.720***	0.000
	方差不等			-6.903***	0.000		
lnxcf	方差相等	22.282***	0.000	-3.848***	0.000	6.376***	0.000
	方差不等			-3.377***	0.001		

附表 3-6　控制权转移样本配对后各指标差异的检验结果

		Levene 检验		均值方程的 t 检验		中位数检验	
		F	Sig.	t	Sig.	Z	Sig.
Owncon5	方差相等	0.771	0.381	0.440	0.660	-0.548	0.583
	方差不等			0.440	0.660		
Zindex	方差相等	1.515	0.220	0.673	0.501	-0.126	0.900
	方差不等			0.673	0.501		
Qval	方差相等	0.012	0.913	-0.118	0.906	0.187	0.852
	方差不等			-0.118	0.906		

续表

		Levene 检验		均值方程的 t 检验		中位数检验	
		F	Sig.	t	Sig.	Z	Sig.
Accumfdps	方差相等	0.182	0.670	1.195	0.233	-1.152	0.249
	方差不等			1.195	0.233		
Roa	方差相等	0.584	0.446	-0.330	0.741	0.948	0.343
	方差不等			-0.330	0.742		
Currt	方差相等	1.206	0.270	-0.609	0.543	-0.210	0.834
	方差不等			-0.609	0.543		
Totassgrrt	方差相等	5.649**	0.018	-1.237	0.218	0.065	0.949
	方差不等			-1.237	0.218		
Totassrat	方差相等	0.114	0.736	0.620	0.536	0.113	0.910
	方差不等			0.620	0.536		
Size	方差相等	1.666	0.198	-0.183	0.855	0.286	0.775
	方差不等			-0.183	0.855		
lncf	方差相等	0.009	0.925	-0.286	0.775	1.371	0.170
	方差不等			-0.286	0.775		

附表 3－7　民营企业高管身份变化样本配对前各指标差异的检验结果

		Levene 检验		均值方程的 t 检验		中位数秩和检验	
		F	Sig.	t	Sig.	Z	Sig.
Owncon1	方差相等	3.361	0.067 *	－1.863 *	0.063	1.813 *	0.070
	方差不等			－2.488 **	0.019		
Owncon5	方差相等	3.838	0.050 **	－2.539 **	0.011	2.695 ***	0.007
	方差不等			－3.370 ***	0.002		
Size	方差相等	0.314	0.575	－2.353 **	0.019	2.125 **	0.034
	方差不等			－2.475 **	0.019		
Roecut	方差相等	0.117	0.733	－0.368	0.713	2.608 ***	0.009
	方差不等			－1.712 *	0.093		
Roa	方差相等	0.262	0.609	－0.903	0.367	1.854 *	0.064
	方差不等			－1.159	0.256		
Opeincmgrrt	方差相等	0.006	0.937	0.135	0.893	－2.138 **	0.033
	方差不等			0.554	0.582		
Netprfgrrt	方差相等	0.014	0.905	0.406	0.685	－0.375	0.708
	方差不等			1.180	0.246		
lncf	方差相等	2.175	0.140	－1.201	0.230	3.162 ***	0.002
	方差不等			－1.065	0.296		

附表 3-8　民营企业高管身份变化样本配对后各指标差异的检验结果

		Levene 检验		均值的 t 检验		中位数秩和检验	
		F	Sig.	t	Sig.	Z	Sig.
*Owncon*1	方差相等	1. 095	0. 300	0. 026	0. 979	-0. 350	0. 726
	方差不等			0. 026	0. 979		
*Owncon*5	方差相等	2. 016	0. 161	-0. 592	0. 556	0. 552	0. 581
	方差不等			-0. 592	0. 556		
Roe	方差相等	2. 766	0. 102	-0. 861	0. 393	1. 314	0. 189
	方差不等			-0. 861	0. 394		
Roa	方差相等	4. 863	0. 032	-1. 727	0. 090	1. 594	0. 111
	方差不等			-1. 727	0. 091		
Opeincmgrrt	方差相等	0. 006	0. 938	0. 502	0. 618	-0. 599	0. 550
	方差不等			0. 502	0. 618		
Netassgrrt	方差相等	0. 900	0. 347	0. 349	0. 728	1. 532	0. 126
	方差不等			0. 349	0. 729		
Size	方差相等	0. 136	0. 714	-0. 549	0. 585	0. 645	0. 519
	方差不等			-0. 549	0. 585		
lncf	方差相等	0. 425	0. 517	-0. 469	0. 641	1. 267	0. 205
	方差不等			-0. 469	0. 641		

参考文献

一、中文部分

[1] 毕茜，顾立盟，张济建．传统文化、环境制度与企业环境信息披露 [J]．会计研究，2015 (3)：12－19.

[2] 毕茜，彭珏，左永彦．环境信息披露制度、公司治理和环境信息披露 [J]．会计研究，2012 (7)：39－47.

[3] 曹春方，马连福，沈小秀．财政压力、晋升压力、官员任期与地方国企过度投资 [J]．经济学（季刊），2014，13 (4)：1415－1436.

[4] 蔡春，郑开放．政府环境审计对企业环境责任信息披露的影响研究——基于“三河三湖”环境审计的经验证据 [J]．审计研究，2019 (6)：3－13.

[5] 常莹莹，曾泉．环境信息透明度与企业信用评级——基于债券评级市场的经验证据 [J]．金融研究，2019 (5)：132－151.

[6] 陈冬华．地方政府、公司治理与补贴收入：来自我国证券市场的经验证据 [J]．财经研究，2003 (9)：15－21.

[7] 陈林．自然垄断与混合所有制改革——基于自然实验与成本函数的分析 [J]．经济研究，2018 (1)：81－96.

[8] 陈爽英，傅锋，井润田．政企关联对研发投资的影响：

促进还是抑制［J］. 科研管理，2020（1）：184－192.

［9］陈璇，Knut B L. 环境绩效与环境信息披露：基于高新技术企业与传统企业的比较［J］. 管理评论，2013（9）：117－129.

［10］陈璇，钱维. 新《环保法》对企业环境信息披露质量的影响分析［J］. 中国人口资源与环境，2018，28（12）：76－86.

［11］崔学刚，荆新. 上市公司控制权转移预测研究［J］. 会计研究，2006（1）：77－82.

［12］戴晓迪. 企业自愿性社会责任信息披露与产品市场竞争地位关系研究［D］. 广东外语外贸大学硕士学位论文，2016.

［13］邓建平，曾勇. 政企关联能改善民营企业的经营绩效吗［J］. 中国工业经济，2009（2）：98－108.

［14］邓晓飞，辛宇，滕飞. 官员独立董事强制辞职与政企关联丧失［J］. 中国工业经济，2016（2）：130－145.

［15］方颖，郭俊杰. 中国环境信息披露政策是否有效：基于资本市场反应的研究［J］. 经济研究，2018（10）：158－174.

［16］付永刚. 组织变革路径及影响因素研究——基于国企与民企的案例对比［J］. 管理案例研究与评论，2018，11（3）：265－277.

［17］胡旭阳. 民营企业家的"两会"资格与民营企业的融资便利——以浙江省民营百强企业为例［J］. 管理世界，2006（5）：107－113.

［18］雷海民，梁巧转，李家军. 公司政治治理影响企业的运营效率吗？——基于中国上市公司的非参数检验［J］. 中国工业经济，2012（9）：109－121.

［19］李健，陈传明，孙俊华. 企业家政企关联、竞争战略选择与企业价值——基于上市公司动态面板数据的实证研究

[J]. 南开管理评论, 2012, 15 (6): 147 - 157.

[20] 李健, 陈传明, 孙俊华. 企业家政企关联、所有制与企业债务期限结构 [J]. 金融研究, 2013 (3): 157 - 169.

[21] 李力, 刘全齐, 唐登莉. 碳绩效、碳信息披露质量与股权融资成本评 [J]. 管理评论, 2019, 31 (1): 221 - 235.

[22] 李培功, 沈艺峰. 媒体的公司治理作用: 中国的经验证据 [J]. 经济研究, 2010 (4): 14 - 27.

[23] 李强, 冯波. 环境规制、政企关联与环境信息披露质量——基于重污染上市公司经验证据. 经济与管理, 2015, 29 (4): 58 - 66.

[24] 李强, 李恬. 产品市场竞争、环境信息披露与企业价值 [J]. 经济与管理, 2017, 31 (4): 68 - 76.

[25] 李善民, 曾昭灶. 控制权转移的背景与控制权转移公司的特征研究 [J]. 经济研究, 2003 (11): 54 - 64.

[26] 李四海, 李晓龙, 宋献中. 产权性质、市场竞争与企业社会责任行为——基于政治寻租视角的分析 [J]. 中国人口资源与环境, 2015, 25 (1): 162 - 169.

[27] 李维安, 徐业冲. "两会" 资格的避税效应 [J]. 金融研究, 2013 (3): 114 - 129.

[28] 黎文靖. 所有权类型、政治寻租与公司社会责任报告: 一个分析性框架 [J]. 会计研究, 2012 (1): 81 - 88.

[29] 林润辉, 宗晓, 李娅. 政企关联、政府补助与环境信息披露——资源依赖理论视角 [J]. 公共管理学报, 2015, 12 (2): 30 - 40.

[30] 林毅夫, 李志赟. 政策性负担、道德风险与预算软约束 [J]. 经济研究, 2004 (2): 17 - 27.

[31] 刘海建, 吕秀芹, 董育森. 是否皆为利己——制度转型深入期企业家政治联系的双重角色 [J]. 南开管理评论, 2017,

20（4）：114－128.

［32］卢正文，刘春林．产品市场竞争影响企业慈善捐赠的实证研究［J］．管理学报，2011（7）：1067－1074.

［33］罗党论，刘晓龙．政治关系、进入壁垒与企业绩效：来自中国民营上市公司的经验证据［J］．管理世界，2009（5）：97－106.

［34］罗喜英，刘伟．政企关联与企业环境违规处罚：庇护还是监督——来自IPE数据库的证据［J］．山西财经大学学报，2019，41（10）：85－99.

［35］罗知，赵奇伟，严兵．约束机制和激励机制对国有企业长期投资的影响［J］．中国工业经济，2015（10）：69－84.

［36］潘安娥，郭秋实．政府监管与企业环境信息披露——基于高管环保意识的调节作用［J］．软科学，2018，32（10）：84－87.

［37］潘奇，张群祥．企业会坚持做慈善吗？——捐赠经历与捐赠行为关系的实证研究［J］．财经研究，2014（9）：16－25.

［38］彭浩．产品市场竞争水平对企业自愿性信息披露影响的研究［D］．昆明理工大学，2017：40－43.

［39］皮建才．中国式分权下的地方官员治理研究［J］．经济研究，2012（10）：14－26.

［40］任宏达，王琨．产品市场竞争与信息披露质量——基于上市公司年报文本分析的新证据［J］．会计研究，2019（3）：32－39.

［41］沈洪涛，冯杰．舆论监督、政府监管与企业环境信息披露［J］．会计研究，2012，（2）：72－78.

［42］宋晓华，蒋潇，韩晶晶等．企业碳信息披露的价值效应研究——基于公共压力的调节作用［J］．会计研究，2019

(12): 78 -84.

[43] 陶克涛，郭欣宇，孙娜. 绿色治理视域下的企业环境信息披露与企业绩效关系研究——基于中国67家重污染上市公司的证据 [J]. 中国软科学，2020 (2): 108 -119.

[44] 田利辉. 国有产权、预算软约束和中国上市公司杠杆治理 [J]. 管理世界，2005 (7): 26 -37.

[45] 田利辉，王可第. 社会责任信息披露的掩饰效应和上市公司的崩盘风险：来自中国股票市场的DID—PSM分析 [J]. 管理世界，2017 (11): 146 -157.

[46] 田利辉，张伟. 政企关联影响中国上市公司长期绩效的三大效应 [J]. 经济研究，2013，(11): 71 -86.

[47] 王波，吴倩，叶勇. 媒体关注、市场化进程与企业社会责任履行——基于中国A股上市公司经验证据 [J]. 现代经济探讨，2017 (7): 30 -36.

[48] 王帆. 企业社会责任的媒体负面报道影响了会计信息质量吗 [J]. 财贸研究，2016 (3): 148 -156.

[49] 王小鲁，樊纲，余静文. 中国分省市场化指数2016年报告 [M]. 北京：社会科学文献出版社，2017.

[50] 王小鲁，余静文，樊纲. 中国市场化八年进程报告 [J]. 财经，2016，463 (47): 1 -6.

[51] 王翊，许晓卉. 媒体报道、制度环境与公司社会责任履行 [J]. 财经问题研究，2018 (12): 129 -136.

[52] 吴文锋，吴冲锋，芮萌. 中国上市公司高管的政府背景与税收优惠 [J]. 管理世界，2009 (3): 134 -142.

[53] 肖浩，孔爱国. 融资融券对股价特质性波动的影响机理研究：基于双重差分模型的检验 [J]. 管理世界，2014 (8): 30 -40.

[54] 谢志明，易玄. 产权性质、行政背景独立董事及其履

职效应研究［J］. 会计研究，2014（9）：60－67.

［55］严若森，钱向阳，肖莎等. 家族涉入的异质性对企业研发投入的影响研究——市场化程度与政企关联的调节作用［J］. 中国软科学，2019（11）：129－138.

［56］闫文娟. 郭树龙. 环境规制政策的就业及工资效应——一项基于准自然实验的经验研究［J］，软科学，2018，32（3）：84－88.

［57］姚海博，王正斌，吕英. 董事专业背景与企业环境信息披露质量研究［J］. 预测，2018（6）：54－60.

［58］于洁. 市场竞争与上市公司选择性信息披露决策研究［D］. 浙江大学硕士论文. 2005.

［59］余明桂，回雅甫，潘红波. 政治联系、寻租与地方政府财政补贴有效性［J］. 经济研究，2010（3）：65－77.

［60］余伟，陈强. "波特假说" 20 年——环境规制与创新、竞争力研究述评［J］. 科研管理，2015（5）：65－71.

［61］张琛，陈彦彤，成飞. 管理层讨论与分析中环境信息披露有效性研究［J］. 经济问题，2019（10）：122－129.

［62］郑建明，许晨曦，张伟. 放松卖空管制与企业环境信息披露质量——基于重污染企业的准自然实验［J］. 中国软科学，2017（11）：111－125.

［63］邹萍. "言行一致" 还是 "投桃报李"？——企业社会责任信息披露与实际税负［J］. 经济管理，2018（3）：159－177.

［64］周黎安. 中国地方官员的晋升锦标赛模式研究［J］. 经济研究，2007（7）：36－50.

［65］周志方. 产品市场竞争对企业水信息披露的影响研究——基于2010—2016年中国高水敏感性行业的经验证据［J］. 商业经济与管理，2019（11）：70－86.

[66] 朱炜，孙雨兴，汤倩．实质性披露还是选择性披露：企业环境表现对环境信息披露质量的影响 [J]．会计研究，2019 (3)：10－17.

二、英文部分

[1] Alabass H S H, Harjan S A, Min T, etc. The impact of corporate political connections on corporate financial decisions: evidence from an emerging market [J]. Journal of Management Information & Decision Sciences, 2019, 22 (2): 13－24.

[2] Amorea M D, Bennedsen M. The value of local political connections in a low－corruption environment [J]. Journal of Financial Economics, 2013, 110 (2): 387－402.

[3] Arya A, Mittendorf B. Discretionary disclosure in the presence of dual distribution channels [J]. Journal of Accounting and Economics, 2013, 55 (2): 168－182.

[4] Ashenfelter O, Card D. Using the longitudinal structure of earnings to estimate the effect of training programs [J]. Review of economics & statistics, 1985, 67 (4): 648－660.

[5] Boubakri M, Cosset J C, Saffar W. Political connections of newly privatized firms [J]. Journal of Corporate Finance, 2008, 14: 654－673.

[6] Berkman H, Galpoththage V. Political connections and firm value: an analysis of listed firms in Sri Lanka [J], Pacific Accounting Review, 2016: 92－106.

[7] Bertomeu J, Ivan M. A theory of hard and soft information [J]. The Accounting Review, 2016, 91 (1): 1－20.

[8] Bertomeu J, Liang J P. Disclosure policy and industry fluctuations [J]. Management Science, 2015, 61 (6): 1292－

1305.

[9] Bertomeu J, Maggie P R. Mandatory disclosure and asymmetry in financial reporting [J]. Journal of Accounting and Economics, 2015, 59: 284-299.

[10] Bertomeu J, Maggie P R. Political pressures and the evolution of disclosure regulation [J]. Review of Accounting Studies, 2015, 20: 775-802.

[11] Bova F, Yang L. State owned enterprises, competition, and disclosure [J]. Contemporary Accounting Research, 2018, 35 (2): 596-621.

[12] Boivie S, Graffin S D, Oliver A G. Come aboard! exploring the effects of directorships in the executive labor market [J]. Academy of Management Journal, 2016, 59 (5): 1681-1706.

[13] Brenton F, Glen L. Accounting, accountability and the environmental factor [J]. Journal of Accounting Forum, 1995 (5): 55-62.

[14] Burks J J, Cuny C, Gerakos J. Competition and voluntary disclosure: Evidence from deregulation in the banking industry [J]. Review of Accounting Studies, 2018, 23 (4): 1471-1511.

[15] Chaney P K, Faccio M, Parsley D. The quality of accounting information in politically connected firms [J]. Journal of Accounting and Economics, 2011, 51: 58-76.

[16] Charles H C, Giovanna M, Dennis M P. CSR disclosure: The more things change? [J]. Auditing & Accountability Journal, 2015, 28 (1): 14-35.

[17] Chen D, Kim JB, LiO Z. China's closed pyramidal managerial labor market and the stock price crash risk [J]. Accounting Review, 2018, 93 (3): 105-131.

[18] Chen S, Sun Z, Tang S, etc. Government intervention and investment efficiency: Evidence from China [J]. Journal of Corporate Finance, 2011, 17: 259 -271.

[19] Chen X, Qian W. Effect of marine environmental regulation on the industrial structure adjustment of manufacturing industry: an empirical analysis of China's eleven coastal provinces [J]. Marine Policy, 2020, 113 (3): 103797.

[20] Claessens S, Feijen E, Laeven L. Political connections and preferential access to finance: The role of campaign contributions [J]. Journal of Financial Economics, 2008, 88: 554 -580.

[21] Clarkson P M, Li Y, Richardsinc G D, Vasvarid F P. Revisiting the relation between environmental performance and environmental disclosure: An empirical analysis [J]. Accounting, Organizations and Society, 2008, 33: 303 -327.

[22] Clarkson P M, Overell M B, Chapple L. Environmental reporting and its relation to corporate environmental performance [J]. Abacus, 2011, 47 (1): 27 -60.

[23] Darrough M N, Stoughton N M. Financial disclosure policy in an entry game [J]. Journal of Accounting and Economics, 1990, 12 (1): 219 -243.

[24] Delmas A, Toffel W. Organizational responses to environmental demands: Opening the black box. Strategic Management Journal. 2008, 29 (10): 1027 -1055.

[25] Doshi A R, Dowell G W S, Toffel M W. How firms respond to mandatory information disclosure [J]. Strategic Management Journal, 2013, 34: 1209 -1231.

[26] Faccio M. Differences between politically connected and ninconnected firms: A cross - country analysis [J]. Financial Man-

agement. 2010, 39 (3): 905 -928.

[27] Faccio M, Masulis R W, Mcconnell J. Politically connections and corporate bailouts, Journal of Finance, 2006, 61: 2597 -2635.

[28] Fan J P H, Rui M O, Zhao M. Public Governance and corporate finance: Evidence from corruption cases [J]. Journal of Comparative Economics, 2008, 36, 343 -364.

[29] Fan J P H, Wong T J, Zhang T. Politically connected CEOs, corporate governance and post - IPO performance of China's newly partially privatizedfirms [J]. Journal of Financial Economics, 2007, 84: 330 -357.

[30] Fekrat A, Linden C, Pretoria D. Corporate environmental disclosure: Competitive disclosure hypothesis using 1991 annual data [J]. The International Journal of Accounting, 1998, 31 (2): 175 -195.

[31] Fisman R. Estimating the value of political connections [J]. American Economic Review, 2001, 91: 1095 -1102.

[32] Flammer C. Corporate social responsibility and shareholder reaction: The environmental awareness of investors [J]. Academy of Management Journal. 2013, 6 (3): 758 -781.

[33] Gal - or E. Information sharing in oligopoly [J]. Econometrica, 1985, 53 (2): 329 -343.

[34] Garner SA, Lacina M J. Environmental disclosures and changes in firm value: New evidence from the BP oil spill [J]. Accounting Research Journal, 2019, 32 (4): 610 -626.

[35] Gerged AM, Al - haddad LM, Al - hajri M O. Is earnings management associated with corporate environmental disclosure?: Evidence from Kuwaiti listed firms [J]. Accounting Research Jour-

nal, 2020, 33 (1): 167 -185.

[36] Giuli A D, Kostovetsky L. Are red or blue companies more likely to go green? Politics and corporate social responsibility [J]. Journal of Financial Economics, 2014 (3): 158 -180.

[37] Gray R H. Accounting for environment [M]. Pual Chaman Publishing Ltd, 1993: 12 -45.

[38] Guedhami O, Pittman J A, Saffar W. Auditor choice in politically connected firms [J]. Journal of Accounting Research, 2014, 52: 107 -162.

[39] Hambrick C. Upper echelons: The organization as a reflection of its top managers [J]. Academy of Management Review. 1984, 9 (2): 193 -206.

[40] Harris M S. The Association between competition and managers' business segment reporting decisions [J]. Journal of Accounting Research, 1998, 36 (1): 111 -128.

[41] Hayes R, Lundholm R. Segment reporting to the capital market in the presence of acompetitor [J]. Journal of Accounting Research, 1996, 34: 261 -280.

[42] He Q, Li X, Zhu W. Political connection and the walking dead: Evidence from China's privately owned firms [J]. International Review of Economics & Finance, 2020, 59: 1 -13.

[43] Huang Y, Ross J, Yu Y. Product market competition and managerial disclosure of earnings forecasts: Evidence from import tariff rate reductions. Accounting Review. 2017, 92 (3): 185 -207.

[44] Hughes S., Anderson A., Golden S. Corporate environmental disclosures: Are they useful indetermining environmental performance? [J]. Journal of Accounting and Public Policy, 2001, 3

(20): 217 - 240.

[45] Ingram R W, Frazier K B. Environmental performance and corporate disclosure [J]. Journal of Accounting Research, 1980, 18 (2): 614 - 622.

[46] Jayachandran S. Product and environmental social performance: varying effect on firm performance. Strategic Management Journal. 2013, 34: 1255 - 1264.

[47] Jia M, Tong L, Viswanath P V, etc. Word power: The impact of negative media coverage on disciplining corporate pollution [J]. Journal of Business Ethics, 2016, 138 (3): 437 - 458.

[48] Jia N. Are collective political actions and private political actions substitutes or complements? empirical evidence from China's private sector [J]. Strategic Management Journal, 2014, 35: 292 - 315.

[49] Kim C, Zhang L. Corporate political connections and tax aggressiveness [J]. Contemporary Accounting Research, 2016, 33 (1): 78 - 114.

[50] Lanen W N, Verrecchia R E. Operating decisions and the disclosure of management accounting information [J]. Journal of Accounting Research, 1987: 165 - 189.

[51] Lei Z H, Nugent B J. Coordinating China's economic growth strategy via its government controlled association for private firms [J]. Journal of Comparative Economics, 2018, 46 (4): 1273 - 1293.

[52] Lewis B W. Walls J L, Dowell G W S. Difference in degrees: CEO characteristics and firm environmental disclosure [J]. Strategic Management Journal, 2014, 35: 712 - 722.

[53] Li D, Lin A, Zhang L. Relationship between chief exec-

utive officer characteristics and corporate environmental information disclosure in Thailand [J]. Frontiers of Engineering Management, 2019, 6: 564 –574.

[54] Li Q, Li T, Chen H, etc. Executives' excess compensation, legitimacy, and environmental information disclosure in Chinese heavily polluting companies: The moderating role of media pressure [J]. Corporate Social Responsibility and Environmental Management. 2019, 26: 248 –256.

[55] Li H Y, Zhang Y. The role of managerial's political networking and functional experience in new venture performance: Evidence from China's transition economy [J]. Strategic Management Journal, 2007, 28 (4): 791 –804.

[56] Lin C, Wei L. Product market competition and firms' voluntary disclosure behavior: Evidence from a Quasi – natural experiment [R]. Hong Kong: The University of Hong Kong. 2014, 27th Australasian Finance and Banking Conference.

[57] Lin J Y, Tan G. Policy burdens, accountability, and the soft budget constraint [J]. American Economic Review, 1999, 89: 426 –431.

[58] Lin K Z, Mills L F, Zhang F, etc. Do political connections weaken tax enforcement effectiveness? [J]. Contemporary Accounting Research, 2018, 35 (4): 1941 –1972.

[59] Lu Y. Political connections and trade expansion [J]. Economics of Transition, 2011, 19 (2): 231 –254.

[60] Luo O W, Guo X, Zhong S, etc. Environmental information disclosure quality, media attention and debt financing costs: Evidence from Chinese heavy polluting listed companies [J]. Journal of Cleaner Production, 2019, 231: 268 –277.

[61] Lys T, Naughton J P, Wang C. Signaling through corporate accountability reporting [J]. Journal of Accounting and Economics, 2015, 60: 56 - 72.

[62] Mccombs M, Shaw D. The agenda - setting function of the media. Public Opinion Quarterly, 1972, 36: 176 - 187.

[63] Mcwilliams A, Siegel D. Corporate social responsibility: Atheory of the firm perspective [J]. Academy of Management Review, 2001, 26: 117 - 127.

[64] Moser D V, Martin P R. A broader perspective on corporate social responsibility research in accounting [J]. The Accounting Review, 2012, 87 (3): 797 - 806.

[65] Murillo - Luna J L, Garces - Ayerbe C, Rivera - Torres P. Why do patterns of environmental response different? A stakeholders' pressure approach [J]. Strategic Management Journal, 2008, 29 (11): 1225 - 1240.

[66] Oh Frederick D, Park J. Potential competition and quality disclosure [J]. Journal of Economics & Management Strategy, 2019, 28 (4): 614 - 630.

[67] Pascual B, Luis R. Environmental performance and executive compensation: An integrated agency - institutional perspective [J]. Academy of Management Journal, 2009, 52 (1): 103 - 126.

[68] Porter M E, Linde C V D. Green and competitive: Ending the stalemate [J]. Harvard Business Review, 1995, 73: 119 - 134.

[69] Roberts B E. A dead senator tells no lies: Seniority and the distribution of federal benefits [J]. American Journal of Political Science, 1990, 34: 31 - 58.

[70] Rockness J, Schlachter P, Rockness H. Hazardous waste

disposal, corporate disclosure and financial performance in the chemical industry [J]. Advances in Public Interest Accounting, 1986 (1): 167 - 191.

[71] Sejati Y A, Jones C R. The impact of Malaysian code on corporate governance and political connections on accounting conservatism [J]. Journal of Accounting & Finance, 2019, 19 (3): 115 - 132.

[72] Shin Y C. The effect of product market competition on corporate voluntary disclosure decisions, 2002, SSRN Working paper.

[73] Schweizer D, Walker T, Zhang A. Cross - border acquisitions by Chinese enterprises: The benefits and disadvantages of political connections [J]. Journal of Corporate Finance, 2019, 57: 63 - 85.

[74] Share P B, Spicer H H. Market response to environmental information produce outside the firm [J]. The Accounting Review, 1983, 18: 521 - 538.

[75] Smith J. US political corruption and firm financial policies [J]. Journal of Financial Economics, 2016, 121 (2): 350 - 367.

[76] Suchman M C. Managing legitimacy: Strategic and institution approaches [J]. Academy of Management Review, 1995, 20 (3): 571 - 610.

[77] Tihanyi L, Aguilera R V., Heugens P, etc. State ownership and political connections [J]. Journal of Management, 2019, 45 (6): 2293 - 2321.

[78] Ullmann A. Data in search of a theory a critical examination of the relationship among social performance, social disclosure, and economic performance [J]. Academy of Management Review, 1985, 10 (3): 450 - 477.

[79] Verrecchia R E. Discretionary disclosure [J]. Journal of Accounting and Economics, 1983, 5: 179 -194.

[80] Verrecchia R E. Information quality and discretionary disclosure [J]. Journal of Accounting and Economics, 1990, 12 (4): 365 -380.

[81] Verrecchia R E, Weber J. Redacted Disclosure [J]. Journal of Accounting Research, 2006, 44 (4): 791 -814.

[82] Villiers C, Naiker V, Staden C J. The effect of board characteristics on firm environmental performance [J]. Journal of Management, 2011, 37: 1636 -1663.

[83] Walls J L, Pascual B. Corporate governance and environmental performance: is there really a link? [J]. Strategic Management Journal. 2012, 33 (8): 885 -913.

[84] Wally S, Baum R J. Personal and structural determinants of the pace of strategic decision making [J]. Academy of Management Journal, 1994, 37 (4): 932 -956.

[85] Wang P, Wang F, Hu N. The effect of ultimate ownership on the disclosure of environmental information [J]. Australian Accounting Review, 2018, 28 (2): 186 -198.

[86] Wong S H W. Political connections and firm performance: the case of Hong Kong [J]. Journal of East Asian Studies, 2010 (10): 275 -313.

[87] Yang Y, Tang M. Finding the ethics of "Red Capitalists": Political connection and philanthropy of Chinese private entrepreneurs [J]. Journal of Business Ethics, 2020, 161 (1): 133 -147.

[88] Yao S, Hong Y, Lin C. Environmental information disclosure and financial constraint [J]. Asia -Pacific Journal of Finan-

cial Studies, 2019, 48: 666 -689.

[89] Yekini K, Adelopo I, Wang Y, etc. Post - regulation effect on factors driving environmental disclosures among Chinese listed firms [J]. Accounting Research Journal, 2019, 32 (3): 477 -495.

[90] Yu X, Zheng Y. Why do investors not punish politically connected firms for financial misrepresentation?: A legitimacy - based perspective [J]. Accounting Research Journal. 2020, 33 (1): 92 -107.

[91] Zhang T, Xie L. The protected polluters: Empirical evidence from the national environmental information disclosure program in China [J]. Journal of Cleaner Production, 2020, 258: 120343.

后　　记

本书从理论上引入了市场竞争、产权类型以及高管个人政府任职背景三个因素，从寻租的视角分析了不同市场结构中企业的环境信息披露行为，特别是区分了环境信息不同部分的披露策略。其研究结果不仅拓展了现有以自由市场经济为基础的信息披露理论，深化了对政企关系的理解，而且为提高企业环境治理效率和优化政企关系，落实企业的环境责任提供了实证参考。

显然，本书仍有一些不足之处有待后续研究中去不断完善：一是受制于观察期因素，在考虑新《环保法》背景下企业选择性环境信息披露行为特点时仅使用了短期数据，检验企业选择性环境信息披露行为的短期变化结果。随着时间推移数据量的不断丰富，后续研究可以考虑利用更长时间窗口的数据，检验其长期变化特点。二是由于竞争市场中央企比例不高，样本观测窗口期内缺乏竞争市场被媒体负面报道的央企样本，因此本书没能在媒体负面环保报道的影响部分，对国有企业内部的央企和地方国企做进一步区分。三是在研究所有权转移和董事长“两会”资格变化对企业选择性环境信息披露行为的影响时，在样本选取中为了保证研究的严谨性，做了进一步剔除（比如在考虑控制权转移影响时，对那些连续 2 年以上发生控制权转移的企业进行了删除），如此一来收集到的样本企业数量就非常有限。随着时间推移后续研究可以考虑拉长观察窗口期，以增加有效样本数量。四是本书围绕企业高管个人政企关联关系开展研究时，是从高管个人从业背景角度进行分析，后续研究可以从高管个人亲友等其他角度存在的政企关系进行进一步拓展。五是本书以考察市场竞争与政企关系的共同作用为主，而对市场竞争、政企关系各自的作用影响，以及对企业粉饰“软信息”披露行为倾向性的测算，都是一些有价值的研究主题，但本书没能作为重点进行深入系统分析，后续研究可在这些方面进行拓展。

最后，本书能够顺利出版，除了离不开课题组成员的努力外，还得到了吴林海、徐志刚、淳伟德、李安波等多位校外专家和多名期刊匿名评审专家的不惜赐教与帮助，在此一并致以衷心的感谢！